Colección Mujeres Psicoanalistas
Editor-Propietario: Ricardo Vergara
Directora de colección: Macarena Iralde

**Ricardo Vergara
Ediciones**

Gretel Esandi Scholz

EDIPO REyNA
Neurosis, pulsión
y objeto *"a"*

Ricardo Vergara
Ediciones

Esandi Scholz, Gretel
   Edipo Reyna : neurosis pulsión y objeto
a / Gretel Esandi Scholz. - 1a ed . - Ciudad Autónoma de Buenos Aires : RV Ediciones, 2020.
   84 p. ; 21 x 15 cm.

   1. Clínica Psicoanalítica. 2. Psicoanálisis. I. Título.
   CDD 150.195

Coordinación de Producción y Edición: Ricardo Vergara
Te:(011) 15 6231-2760
email: edicionesvergara@gmail.com
Buenos Aires, Republica Argentina

Ilustración de tapa:
Araceli A. Basolo: lic.aracelibasolo@hotmail.com
Cielos rojos, acrílico sobre papel cartlina

Índice

**Ricardo Vergara
Ediciones**

Introducción
Colección Mujeres psicoanalistas

Ser mujer y ser psicoanalista es toda una construcción habiendo aprendido este arte bajo la teoría de Jacques Lacan y Sigmund Freud.

Freud terminó sus días con una pregunta ¿Qué quiere la mujer?

Lacan escribió… "La mujer no existe".

Las respuestas a estas preguntas, ciertamente no son simples, ni se responden en un enunciado, pero recorriendo las páginas de los libros de esta colección, bordearemos esas respuestas. Deseo, goce… escritura.

Lo que ciertamente, podemos aseverar, es que la mujer que no existe para Lacan, no es la que habita este cuerpo que recorre con sus dedos un teclado, ni de las tantas otras que serán las protagonistas de esta excelente colección.

Que la mujer no exista nos habilita a escribir, a gozar de un goce no todo fálico, un goce único que marca nuestras letras. Un goce singular para cada mujer.

Fue un hombre el que decidió poner su apuesta y su deseo en la construcción de esta colección. Su apuesta a la mujer resulta tentadora, porque tratándose de mujeres, no se sabe a qué singularidad se asomará cada uno cuando se sumerja en los diferentes textos a los que nos invitan estas analistas, escritoras.

Es un placer acompañar junto a Ricardo Vergara esta apuesta.

Una apuesta que apunta al deseo, que apunta a la construcción de un saber, del saber que más nos implica, ese a bordear, ese a descubrir, el saber del psicoanálisis.

Mujeres y psicoanálisis, definitivamente una propuesta prometedora.

Sumerjámonos en sus palabras.

Macarena Iralde
Septiembre 2020

*A mis atesorados pacientes
que día a día honorifican
mi profesión y hacen
de mí una mejor persona.*

Y a un tesoro envuelto, mi papá

**Ricardo Vergara
Ediciones**

Te arrastraré conmigo.
Una forma de amarte siempre

Se inicia este capítulo con un nombre bastante particular como insolente, en donde se relacionan las palabras "arrastre" y "amarte", dos significantes que resuenan símiles pero con significados distintos, dos palabras que pueden resignificarse ya que comparten algunas letras, o sea signos, y que en su alteración podrían cambiar el enunciado y la enunciación. Sin entrar en pánico se dará rienda suelta y se desentrañará de qué se trata esta vinculación de significantes y a qué refiere, el porqué de su relación y el para qué distinguirlos.

Para aventurarse en dichos avatares, es preciso retrotraerse al comienzo de la vida, al nacimiento, momento pasado historizado por cualquier sujeto, surgido y mediado por la transmisión de un discurso encarnado por el primer vínculo real afectivo, un cuento que fue contado por un adulto de cuándo y cómo se llegó al mundo, que además, en lo esperable, cumple la función de sostener, alimentar, brindar cuidados, hablar, transmitir y alejar al niño de la muerte entre otras cuestiones.

El lazo primordial del cual se hace ponderación es el materno y es este lazo el que va a marcar a fuego al sujeto, surcándolo y sumergiéndolo en una cultura que lo preexiste, en una lengua materna, en una configuración precursora de vinculación como resultado de este primer período de indefensión y dependencia hacia un Otro primordial e imprescindible. Por lo tanto, se empieza a visualizar en estos renglones qué quiero decir con arrastre, cuando en realidad "arrastre" se traduce como el producto de una vía de identificación e introyección que talla el inconsciente dando lugar al circuito de la demanda y al futuro síntoma como respuesta, y "amarte" porque ese lazo primordial afectivo es el que va a repetirse en la exogamia como modo de relacionarse con el otro.

Se descifra este lazo teniendo en cuenta una relación tríada que muchas veces mal se conceptualiza. Cuando hablo de tríada, hablo de una escena cuyos protagonistas son Madre-Hijo-Falo, una relación que resalta la sujeción posicional de la madre y el lugar del hijo en el deseo. Si se tratase de una madre neurótica, no es difícil sostener que ella también está atravesada por la castración y que como en toda neurosis se intentará de manera narcisista completar la falta en pos del ideal. Por fortuna el deseo nunca se satura, es insatisfecho por estructura, pero es aquí el hijo que adviene para saldar la falta como una posibilidad. En este lazo va a ser indispensable que el hijo esté impregnado de valor fálico, que tenga valía para esta madre y que sea rescatado por ella como tal, como objeto obturador de su falta en el imaginario en donde en su espejo se sienta completa, sin falta, con su deseo colmado.

Hago una diferencia entre madre y mamá. Madre es aquella biológica, quien pare al niño, no por ello se encuentra construida en el deseo como mamá. Mamá es aquella construida culturalmente para serlo y cumplir la función, es quien se posiciona como tal en el deseo no solo de parir, sino de criar, de amar, de formar una familia. Si se retrocede a la infancia, es probable que dicha mujer actual haya jugado a ser mamá, a la casita, a la familia, porque niño es aquel que juega y adulto es quien hace de ese juego su realidad.

Es esperable que la mamá se "enamore" de su hijo para emanar su libido a sus cuidados y necesidades en un primer tiempo. El niño cuando nace se encuentra con un mundo que lo angustia, que le genera un despertar en tanto en el vientre materno se auspiciaba su completud, todo era brindado. Ante su llanto la mamá recurre a su consuelo, donde se funda en el mundo real un lazo físico cuerpo a cuerpo. Su posición materna resume una cuestión de suma importancia, ya que es la portadora de la batería significante, es decir, la portadora de miradas, de palabras, de arrullos; porque eso es un significante, algo que significa algo para alguien y se transmite de cuantiosas maneras. La mamá le habla al hijo, por eso se expresa que el sujeto es un ser hablado, deseado y amado por un Otro. De esta manera y proporcionado por las implicancias de haber sido rescatado, ubicado en posición de ser pasivo ante las interpretaciones y actos de la mamá, es que se manifiesta la impronta del malentendido estructural.

Ejemplos: "Si el niño llora puede que la mamá interprete que tiene hambre" o "si el niño llora puede que la mamá interprete que tiene cólicos". También se ilustra este montaje en ciertas frases transmitidas y reflejadas en el bien hacer de la crianza: "hijo; ponte el abrigo. ¿Por qué mamá, porque tengo frío o porque nos vamos?"

Quien tiene las letras es la mamá y en su defecto se las está transmitiendo al niño. Insisto, ante la demanda del niño quien posee los significantes y significados es la mamá, e interpretará con sus herramientas la petición de niño transmitiendo su batería significante a través de la demanda, impulsando el circuito que pondera la inscripción inconsciente.

Es interesante aclarar que en este primer tiempo quien demanda es el niño, ya se esclarecerá el porqué de esta cuestión. El niño demanda, la mamá acude y se instala de esta forma una vinculación "amboceptora" (neologismo lacaniano); es decir simbiótica. La boca y el pecho se fusionan en demandante y demandado; aunque sería interesante repensar que, si para una mamá el niño siempre tiene hambre cuando llora ¿quién demanda ser comida por su hijo? A su vez, existen mamás quejosas y angustiadas creyendo que son solo una "teta" para el hijo, y la respuesta es que tienen razón. En ese nivel de demanda solo son un pecho portador de alimento y placer, no por nada cuando la mamá se cansa de amamantar brinda el chupete como ofrecimiento de un objeto de succión placentero sustituto de la "teta".

En la etapa de la necesidad, proceso de mayor indefensión del niño, la fuente pulsional va a coincidir con la fase oral. La mamá en el afán de saciar sus necesidades, llevará a experimentar al niño el borde de la boca como objeto de tensión pulsional, en donde la boca se constituirá como zona erógena libidinal por el encuentro con el pecho. Este acto invita al niño a un encuentro alucinatorio, ya que aún su inconsciente está "a cielo abierto"; dicho encuentro es el precursor de la incesante búsqueda vital de reencontrar esa experiencia, motor causador del deseo. Se proclama aquí un nuevo objeto que solo lo nombro, el objeto "a", como un resto que lo causa.

En dicha conjugación de la mamá con su hijo se advierte el deseo como deseo del Otro, en la vía "amboceptora" adviene la pregunta ¿quién desea?

En este lazo primordial se teatraliza la escena Madre-Hijo-Falo, en donde el falo vendría a funcionar como regulador del deseo, como significante de la falta.

El lazo es recíproco, los mensajes y la comunicación en sí misma en está tríada comienzan a tener valor significante/significado estructurando al inconsciente como un lenguaje en el niño marcando al cuerpo, y es nombrando sus partes y atributos que los bordes se libidinizan como fuentes pulsionales. El pecho nombra a la boca, las heces nombran al ano, la diferencia anatómica de sexos nombra al falo, la mirada nombra a los ojos y la voz nombra al oído.

Se avista con lo expuesto que para desear un reencuentro es porque en aquel primer encuentro algo ha quedado perdido y se desea reencontrar, y para ello hay que salir en su búsqueda. En aquel momento alucinatorio, se desprendió un resto como plus, dejando un agujero intensivo ante la alucinación suscitada por esa primera colisión, una experiencia mítica de satisfacción, ¿qué se perdió entonces? En ese acto hubo algo más que alimento, hubo placer, un exceso; y ese exceso generó una hiancia en su dilución. Esa hiancia va a promover el circuito tendiente a reencontrar ese placer en la ilusión de reavivar ese plus perdido e insatisfecho por estructura, confirmando que el deseo se encuentra en el rango de algo causado, causado e impulsado por la sinergia de ese plus llamado objeto "a" del cual solo queda su sombra, un resto.

J. Lacan llama al objeto "a" como su único invento; no coincido. En mi experiencia presiento que ya lo había propuesto S. Freud implícitamente como resto en la experiencia mítica de satisfacción, siendo que luego de la vivencia alucinatoria entre lo que se busca para revivirla y lo que se encuentra para avivarla hay un "extra" que nunca se satisface. Pero sí coincido con J. Lacan cuando anuncia que la angustia es un afecto que no engaña, por ser un ser fallido afectado por Otro que fue dador de esa génesis. La angustia se asoma cuando el objeto "a" o dicho resto se devela, es decir, cuando se alumbra qué lugar se ocupa en el campo del deseo del Otro, como cuando se revela una verdad vociferante que anoticia que la concepción fue escenificada en el campo desiderativo de un siniestro abuso.

En el universo de las neurosis el adulto se esfuerza en reencontrarse con aquel narcisismo primario, en donde todas las necesidades estaban cubiertas y se era el único objeto de deseo para su mamá, aseverando que en el neurótico se pesquisa un inconsciente tallado por aquel vínculo de amor primordial. Apronto al adulto siendo que se avecina en otra sección la explicación de un tiempo lógico de gran relevancia en la constitución de la estructura regida por la metáfora paterna.

No es aún el tiempo lógico en que la función paterna entre en escena, sino el momento de sujeción y dependencia del vínculo, momento en donde las fuentes pulsionales tienen preponderancia. La fase oral es la que prima, la boca, esa porción del cuerpo libidinizada que buscará su satisfacción más allá de la necesidad de autoconservación. El niño comienza a experimentar las vicisitudes de la pulsión en su cuerpo, comienza a sentir placer en las zonas erógenas ya nombradas y en las singularidades de las propias, labrando un cuerpo erogenizado que autoeróticamente comienza a amarse. Lógicamente esto es lo esperable, siempre y cuando el cuerpo del niño sea tratado con amor y sea privado de ultrajes.

El proceso del narcisismo, remite a una identificación precipitada de la imagen frente a un espejo en donde el cuerpo se reconoce como unidad ya nombrado y hablado por la batería significante. Las canciones infantiles remiten a esta identificación y nombramiento, frases recurrentes de las mamás que con intención lo marcan como el "chas-chas" en la colita.

Es de vasto saber que las palabras poseen energía libidinal, lo dicho por la batería significante impregnará al niño de huellas y a su vez despertará su libido moldeando el germen de su narcicismo, acto psíquico conformado por el autoerotismo y la identificación primaria, es decir, es porque el niño se identifica que se conforma el "Yo" como unidad. Amarse a sí mismo, catectizar el propio cuerpo, responde al lazo materno cuidador amoroso del niño indefenso.

El ser mortal es un ser del lenguaje y del deseo, tan importante es el primer lazo que a través de él se puede distinguir a la mamá suficientemente buena de la violencia. En la violencia la característica principal es que no hay lenguaje, no hay dialéctica; en las guerras se visualiza claramente. ¿Cómo se puede pensar entonces a una mamá con precariedades culturales a quien se le aconseja que bañe a su hijo en agua hervida y lo hace en agua hirviendo? ¿Fue su mala intención la que la llevó a ejercerlo de ese modo o a su escaso lenguaje? sin embargo, se vislumbra lo violento de la situación. No es un pormenor la educación, una alteración en la conjugación verbal y se aproxima el desastre.

Otro ejemplo muy devastador fue enterarse que una mamá le hacía comer a su hijo su propio vómito, pues bien, esto y sin entrar en detalles, la boca fue el ano, es decir, la boca fue nombrada como el ano en la reincorporación de lo expulsado y la consecuencia fue una psicosis franca. Dados estos ejemplos se verifica la importancia del lenguaje y su atravesamiento, la connotación que ejerce sobre la violencia y los resultados paupérrimos de los cuales se está expuesto ante la decadencia de su poder.

Se reluce en estas mamás como se ha constituido en ellas la función paterna, y cómo el significante falo ha regulado la estructura. Falo es un significante, y ese significante es singular para cada sujeto (sujetado a un lenguaje) con un significado "abrochado". Es quien regula el lazo de la mamá y el hijo, ordena y relativiza, es quien viene a decir que en la estructura psíquica allí algo falta, viene a nombrar la falta; característico de la estructura neurótica.

Prosigo con la deducción, pues si falta, se redobla la aseveración de que el niño imprescindiblemente debe ser el falo imaginario de su mamá, siendo su completud, siendo su deseo, para que pueda sujetarse al lenguaje y despierte un sujeto en la cultura. Un falo imaginario en tanto se sostiene la ilusión de completud en el espejo con un próximo derrumbe inminente. El derrumbe es ya anunciado por ser el deseo insatisfecho por estructura, parabién esta cuestión, que el deseo se desplace hacia otra representación, fiando que la mamá desee otra cosa que no sea solo el niño para que no quede alienado a ella. Así se conjuga la construcción del Otro en este lazo, del Otro no castrado, del Otro ideal, un ideal fantasmático que solo caerá ante la revelación de la propia castración. Castrado el ideal, castrado el ser mismo; pues bienvenido a la adultez.

Se remarca la fase oral en este período de indefensión no por eso la única. Dentro del circuito de la demanda se halla otra fase de importantísimos significados como la anterior y de secuelas pulsionales relevantes. A diferencia de la fase oral en donde el objeto boca primaba como zona erógena, en la fase anal el borde primado es el ano. En esta fase hay un cambio en el circuito, la demanda se invierte, la pregunta pertinente sería, ¿quién demanda ahora?

El niño entra en una fase biológica de control de esfínteres, hasta entonces expulsaba sus heces sin poder controlarlas y era la mamá quien se encargaba también de cuidar su higiene. A través del lenguaje se le enseña al niño que deposite sus heces en un recipiente, así como se le enseña a decir cuando tiene ganas. Este es el ensayo cotidiano esperable para que el niño comience a independizarse de la mamá, así, como la mamá del niño. Es importantísimo que la mamá lleve a cabo el acto (confianza mediante). Ahora el niño comprende que cuando tiene ganas debe decirlo, y en ese decir, la mamá le aportará las herramientas necesarias para que el contenido sea vaciado en un recipiente. El niño a tiempo ya sabe que debe decir para no ensuciarse, así como no decir, para que la mamá demande su deposición logrando su atención y hasta a veces preocupación, ¿qué más desea el niño que no ser el interés de su mamá y seguir siendo su único deseo?; esto es inconsciente. La retención y la expulsión, el dar o no dar, controlar los esfínteres y satisfacer pulsionalmente el borde, es el vestigio de los significantes maternos que catectizaron el cuerpo del niño. Es cardinal repetir y aclarar, que cuando hablo de mamá, hablo de aquella que cumple la función, no siempre es la biológica, sino a veces una sustituta.

Sigmund Freud resuelve la ecuación que se adiestra en la salida exogámica (Heces=Regalo=Dinero). El dinero es el resultado del desplazamiento de las heces en otra representación nimia, muy característico de la neurosis obsesiva. También en la exogamia predican los objetos orales como el cigarro, muy amado por el padre del psicoanálisis por cierto. Hay que tener presente este concepto de "objetos orales", "objetos anales", es decir, objetos de la pulsión en sus contingencias, donde, un abanico de posibilidades se presenta como sustituto para que los bordes se satisfagan, porque este es el único objetivo de la pulsión, satisfacerse.

Lógicamente se presenta la fase fálica, no por ello, dejan de tener significado las anteriores, no son evolutivas. El falo como significante de la falta en ser, se precipita en esta etapa. La diferencia sexual anatómica se radica y los polos "tener/no tener" priorizan. No son los órganos sexuales los que se juegan, sino la significación del tener o no tener, ganar/perder, angustia por perder, dolor por haber perdido. Se postulan los anversos y reversos de una escena que se está conjugando y es la escena edípica. El conflicto de amor/odio sobre los seres amados entra en una competencia por miedo a perder el lugar de ÚNICO. Aquí no se trata de los celos con el hermanito por ejemplo, se trata que se deja de ser ÚNICO. Ingresan en escena otros de la misma escena, la familia, otros de la misma novela que se está gestando. Entra en vigencia el deseo de la mamá, una mamá que desplaza su deseo hacia otros horizontes, otras escenas en las cuales no es protagonista el niño, como prototipo puede ser un hombre. Un hombre que puede ser el papá del niño o no, no importa, sino otro deseo que no sea solo el niño, propio desenlace de la insatisfacción por estructura del deseo y el desplazamiento hacia otras representaciones, telones.

Estas escenas se configuran como consecuencia de la castración materna, la cual ofrece herramientas y variables potenciales, vitales para encontrarse y enfrentarse con lo disparatado de la vida. ¿Qué ha pasado con el deseo inconsciente del niño hacia su mamá? ¿Cuál fue o es su destino?

Es un indicador de salud mental de la mamá que pueda desear otra cosa, aquí el niño, cae como falo imaginario y objeto de completud. El enamoramiento en donde nada faltaba más que ser "dos" en este mundo se diluye; no por ello se deja de amar; ¿se puede pensar que el deseo y el amor son dos vías distintas? la respuesta es afirmativa.

Patológicamente se encuentran muchos lazos vinculares que pecan de insanos, mamás que cobijan al hijo hasta su adultez, convocándolos a un lugar de "compañero de vida", o suegras imposibles con sus nueras como si fuera una competencia entre dos mujeres, siendo que una mamá y una mujer conllevan posiciones y funciones diferentes. La corriente tierna como paradigma del lazo hijo/mamá no siempre es sublimada a pesar de la restricción del acto erótico, en fantasías y escenas este lazo está latente, es decir late, aunque no se concrete.

Cómo se van configurando y entrelazando las posiciones es tema del próximo capítulo, en donde la función paterna y el significante del nombre del padre juegan un papel preponderante en la estructura y en la escena edípica.

En esta introyección, en esta identificación como experiencia del primer lazo afectivo, en este narcisismo construido a través del espejo como reflejo identificativo, se halla el resultado del tallado edificado como lucro del lazo primordial. Se "arrastra" como modelo, se "ama" como maniquí ideal, del cual esperablemente se presume su caída.

Quien te acompaña no está a tu lado, está adentro.

Precipicio.
El diablo se sienta en el lecho

Se lanza este título con una sensación de desmoronamiento por su nombre, un precipicio ante lo real que ofrece el mundo psíquico del niño. Una etapa que emerge en preguntas por circunstancias capitales que lo convocan y claman un cambio en la estructura. Las teorías infantiles muy bien explicadas por S. Freud responden a un nivel de consciencia por el cual los niños descartan las hipótesis antiguas que ya no explican sus dudas ante los hechos reabriendo un mundo de incertidumbres, ya no creen sobre las presunciones que la batería significante dictó y aportó. Se pregona aquí como crucial el beneficio de la duda pronunciando buenaventura, ya que vacila el ideal materno y se relativizan sus argumentos, porque eso también es el inconsciente, argumentos.

Es el tiempo lógico que funda el conflicto edípico, con una clara mirada sobre las anatomías que remiten a las diferencias entre la niña y el niño, que hasta entonces, no se distinguían por la organización anímica infantil inmadura de construcción. Como es costumbre recalcar, tanto niño como niña son varoncitos al nacer, no existe en ese tiempo lo masculino/femenino, sino que tal atribución se construye ante las distintas opciones propuestas por la castración, siendo de suma jerarquía sobresaltar que, para ambos, la fuente pulsional es la misma, es decir, la mamá.

En el capítulo anterior se dio entrada al concepto de deseo, y lo que se convoca en el presente es poder desentramar cómo se desaliena el niño de la mamá y cómo la mamá se desaliena de él. En lo esperable en esta mamá funciona el significante del nombre del padre y la metáfora paterna que en breve perfilan a revelarse. A su vez, esta mamá también fue constituida en su narcicismo, también conlleva su novela familiar singular, también es un ser deseante y también es un ser del lenguaje entre otras características.

La inscripción del significante "nombre del padre" en el inconsciente es propiciada por la función paterna, cuya metáfora, será transmitida a través del discurso ofreciendo estrategias ante la prohibición del incesto y del asesinato. Ese significante inscripto viene a nombrar la falta, y es el "padre" o sustituto el procurador de cumplir la función de la inscripción, porque eso es un padre, aquel o aquella que cumple esa función. Este acto sucederá siempre y cuando la mamá le acredite entrada y autoridad, porque es ella quien lo habilita en su discurso. Es sabido a través de la experiencia que existen muchas desautorizaciones hacia la posición paterna, así, como por otro lado, autorizaciones favoreciendo su acceso invocando frases temerosas al estilo: "pórtate bien sino le digo a tu padre", instaurando discursivamente la autoridad castrante.

J. Lacan predice y es muy explicativo cuando expone los tres tiempos del Edipo, un Edipo que surge ante el conflicto de amor y odio suscitado por la impotencia de subscribirse a ese deseo. Cabe aclarar, que hablar del deseo en este período es ubicarlo en un nivel diferente al del adulto, el niño lo sentirá por sus primordiales por el simple hecho de que son los encomendados de despertar sus pulsiones, él aún no entiende que culturalmente asentir a ese impulso remite a lo prohibido, con lo cual, los deseos de incesto y asesinato cuestionan la intención, no el acto, respondiendo a un posible destino del deseo planteado anteriormente. Una intención que se desplazará en culpa luego del sepultamiento del complejo de Edipo, y dije sepultamiento, no muerte. Ante la metáfora paterna las intenciones quedarán sepultadas, enterradas, pero siguen latiendo, lo que dará admisión al período de latencia.

El primer tiempo es la frustración. El padre o quien cumpla su función en lo real, transmitirá a través de lo simbólico (metáfora) la privación de ese niño a la mamá, es el palo entre las mandíbulas del cocodrilo que viene a evitar que cierre la boca y se coma al hijo, es quien previene que ese niño sea víctima del canibalismo y sea reintegrado como producto bloqueando la deglución. Vale exponer, que es muy común escuchar en este lapso a hombres quejosos sobre la falta de atención de sus mujeres ante el nacimiento de un hijo, una queja que en lo esperable será momentánea en tanto el hombre también es responsable de su posición. Entonces, la mamá queda privada del niño no solo por la función real del "padre" de su hijo, sino por su propia inscripción significante en su inconsciente. Ejemplos primarios muy evidentes de los cuales la mamá debe ser privada son cuando tiene la mayoría del tiempo a "upa" al crío o duerme con él. Por supuesto estos arrumacos son viables en tanto no se ostenten casos excesivos, ese tiempo es propicio para el sostén y el abrigo pero es solo un proceso, el niño debe independizarse y construir su lugar y eso se consigue en el transcurso de separación con la madre vía privación.

Así como el padre priva a la mamá del niño, prohíbe al niño de su mamá. Ilustración básica también, el hijo en medio de los padres en el lecho matrimonial. Si él pudiese dormiría con la mamá, pero, si el "padre" funciona como agente, dormirá en su habitáculo; mediante este acto se pronuncia la metáfora paterna, con un discurso limitante ante el deseo incestuoso. Ciertamente, esto genera frustración, fuertes caprichos y berrinches demandando a la mamá con la intención de separarla del "padre"; por eso se afirma que la función paterna, valga la redundancia es una función, puede o no funcionar siendo que siempre es fallida, a su vez, amalgama el primer y segundo tiempo del Edipo, frustración y privación respectivamente, una generadora de la otra.

Ante la frustración y la privación, la metáfora paterna cobrará un papel centralísimo, la misma será la facultada de transferir a través del discurso el ofrecimiento de posibles variables a la criatura para cumplir su deseo fuera del lazo materno. Como dice S. Freud: ..."así como el padre debes ser, así como el padre no te es lícito ser"..., implícitos prohibitivos del incesto.

Castración mediante como tercer tiempo, auspicia la impotencia por un lado, por el otro, posibilita cumplir el deseo exogámicamente. El niño ante la castración entra en un período de latencia (sepultamiento), es decir, el deseo queda latente, late, esperando cumplirse extra-familiarmente; colijo, espera y frustración son las dos caras de una misma moneda. Una característica fundamental de la castración justamente es otorgar alternativas ante esa frustración, momentos conformes del día a día como que el infante juegue o se sociabilice con amigos, habilitando que el deseo se desplace hacia otra representación proponiendo la creatividad, sublimando, por eso el juego es tan importante, en él se proyectan escenas vinculares.

Constituida la instancia psíquica Superyóica mediante la castración, instancia por cierto inconsciente sobre lo visto y lo escuchado de valor rumiante, cumple la función de ser el abogado del "Ello" y el reservorio de la pulsión de muerte. Se sepulta el deseo incestuoso y el deseo de asesinato en pos del odio al competidor por su prohibición, resurgiendo en la adolescencia su resignificación edípica con los pares manifestado de manera demostrativa en las competencias amorosas.

S. Freud recalca y se relaciona con lo relatado, que la sexualidad y la muerte son traumáticas en sí mismas, y que según las herramientas que el sujeto posea, la tramitación del conflicto tendrá diferentes salidas y posiciones ante la castración. Dichas herramientas son las que fueron construidas a través del discurso de la metáfora paterna, confirmo, siempre fallida.

Pero el título de este capítulo anuncia un precipicio, ¿por qué precipicio?, ¿por qué el diablo se sienta en el lecho? Precipicio por estar en la cornisa de una elección inconsciente propiciada por el renacimiento pulsional de la sexualidad en la adolescencia, por padecer el duelo de deseos no cumplidos endogámicamente, por el rumiar Superyóico del retorno de lo reprimido, por perder un lugar imaginario como falo en el deseo de la mamá. Se precipita un anclaje en otros retratos, un límite, ser falo para alguien, ser falo en el campo del deseo de Otro de modo velado, restituyendo el vínculo materno en las relaciones exogámicas. ¿Qué salida tomar? la neurosis es una, bien al alcance de la mano para huir constantemente de la castración. La homosexualidad otra, como resolución del conflicto y posición ante el falo, así como las distintas posiciones en la sexualidad.

La mujer no existe dice J. Lacan. No existe en tanto lo que seduce es el falo. No importa el género, lo que seduce es el falo y se ubica ante este en una posición, a su vez, S. Freud dice que las mujeres son proclives a metas pasivas, o sea que ante el falo se ubican pasivamente, sin embargo, esto es contingente. El sujeto tiene y no tiene posiciones fálicas, por ende una vasta rama pulsional se amplía en estilos singulares ante la sexualidad.

Prohibido el deseo incestuoso, la corriente tierna con la mamá es la que toma forma. Los gestos de ternura y de amor velando el cuerpo materno y la sexualidad materna responden a la idealización de la "madre santa", es decir, no castrada, no deseosa de un falo, sino que ella lo porta, así llevada a su dignidad. Como ya se pronunció, en caso que se develara la sexualidad materna, si el objeto "a" causa de deseo se revelase y saliera a la luz aparecería la angustia; este debe estar velado como un saber no sabido, como el negativo de una fotografía.

En el período de latencia, momento lógico próximo a la fase fálica, como ya se ha dicho el deseo late, pero, reprimido. La represión surge como defensa ante lo siniestro de lo incestuoso y lo familiar siendo el Superyó el heredero del complejo de Edipo, el "Ello" el reservorio de pulsiones ilimitadas y la represión el destino pulsional brindado por la castración.

Como corolario del sepultamiento se constituyen los diques del asco, vergüenza, consciencia moral y pudor, diques que refrenan el deseo para que no emerja en la consciencia, pero como toda defensa es fallida este se avista en las reminiscencias del retorno de lo reprimido.

El deseo y el amor, la corriente sensual y la corriente tierna claman a que el diablo se siente en el lecho velado por la represión. Bienvenida la función de las defensas en tanto encarnan un saber disfrazado sobre el deseo, insto, en lo esperable. En la reunión de pares ajenos a lo familiar aquellos impulsos latentes y el amor proyectan aunarse en una figura que condense rasgos inconscientes reconocidos en la exogamia. Se pregonan así al amor y al deseo no porque se hayan unido las dos corrientes, sino porque ambas fluyen en el desplazamiento hacia un personaje afanoso de ser sentido como aquel que completa la falta en ser. Se entabla entonces la posibilidad del reencuentro alucinatorio, reencuentro porque el sujeto se tropieza con alguien que ya conoce, que ya sabe de él, aunque esté velado y no advertido conscientemente. Ambas corrientes sensual y tierna son caminos que se esperan hallar en el ser amado, pero bien se rastrea que a veces solo fluye una, el amor por ejemplo, pero no el deseo o viceversa, lo "ideal" sería que la yunta destile con la misma fuerza y si eso sucede, pues el adulto renace en su "yo ideal" infantil.

Cuando adviene el enamoramiento, se reproduce el lazo primordial pero desplazado en una relación extra-familiar la cual brinda la posibilidad de cumplimentar el acto del deseo. Pero la pregunta es ¿habrá quedado realmente la escena edípica en el olvido?, déjenme decirles que en el acto sexual puede aparecer la angustia, ¿qué se ha develado o no se ha velado? Esa pregunta refiere a un destino que no se puede prever, porque el psicoanálisis no es preventivo, sino que trabaja sobre el retorno.

Se puede hablar del amor haciendo una especie de discriminación en cuanto a las etapas, por supuesto, lejos de ser fijas y determinadas, pero se alcanza a hacer un panorama de los registros RSI (real, simbólico e imaginario). Una de las etapas es el enamoramiento, en esta el campo perceptivo enloquece, es la psicosis misma en la neurosis, la locura como una pasión del "Yo". La diferencia entre ambas es que en algún momento el significante del nombre del padre retornará en su función evocando la falta en la neurosis, por ende, el "yo ideal" volverá a frustrarse. Se deduce como la ilusión de completud, siendo que un objeto viene a obturar la falta señalando el regreso a ese "yo ideal" omnipotente como unidad en un espejo que regocija el narcisismo y modifica el registro imaginario, registro que convoca a la eterna queja neurótica de frustración ante la falta. En caso que el enamorado sea correspondido, el reflejo de la imagen en el espejo será ideal, en tanto no retorne la falta probablemente se sienta como dolor.

En el registro de lo simbólico está el campo de la decepción y escenario del malentendido estructural como segunda etapa, justamente, como resultado de la frustración imaginaria. Comienzan las quejas, todo lo que era maravilloso ahora falla, no hay completud y el enamorado ante el campo perceptivo empieza a avistar defectos. El deseo se desplaza y ese ser maravilloso y único resulta que es un ser humano; un hombre, una mujer, con sus errores y virtudes, con sus simbolismos singulares que ya no alcanzan para cubrir de forma delirante lo real que se impone, ya no alcanza la ilusión para sostener la locura del ideal.

En el registro de lo real como tercera etapa se colige que la ilusión de completud se derrumba, cae al precipicio por estructura; sin embargo, es el período de amor real en la aceptación de las faltas del ser amado. El amor real, es el que remite al lazo primordial, expide también al duelo del ideal de los padres, ¿se aceptan sus faltas, se los ama a pesar de estas?, porque amar es aceptar las faltas también.

En toda esta trama que parece un sinfín de realidades, confusiones y sacrificios, predomina un duelo trascendental que en ocasiones queda detenido por la esencia misma de la estructura neurótica. Me refiero a aquel que enmarca que para ser hombre o mujer pregona la renuncia al lugar de hijo, pero no el hijo adulto, sino el hijo niño, duelando, tramitando y elaborando el vínculo materno como probable posibilidad satisfactoria. Por otro lado, ¿cómo funcionó la metáfora paterna en las variables provistas?

Sería inalcanzable suponer las rutas que el deseo encuentra para ser satisfecho y cuantificar todas las resistencias con las cuales se entorpece así como avatares Superyóicos vivientes, lo que sí queda claro es que en la cultura la ley de prohibición del asesinato y del incesto siguen vigentes como núcleo real del inconsciente. Pues bien, ante la ley portada por el "padre" como agente de la castración, y un Superyó heredero del complejo de Edipo, la pulsión sigue su rumbo y busca sus versátiles destinos para satisfacerse, bien sabido es que no se satisface completamente, siempre queda un plus de insatisfacción en el tropiezo. Sin embargo, existen formaciones psíquicas que responden a la siguiente pregunta: ¿cómo puede reencontrarse la pulsión con aquella experiencia mítica de satisfacción primordial si no es en lo real? Se contesta que puede reencontrarse en formaciones sustitutivas llamadas fantasías autoeróticas, que son conducidas por las emanaciones del Ello en donde el Superyó como abogado es menos sádico y cruel permitiendo que algunas lleguen a la consciencia sorteadas en la más sórdida soledad.

En las fantasías se topa el germen pulsional y toda la escena edípica enraizada con el fundamento bisexual del nacimiento, en donde solo se era un varoncito. Muchas de estas para el neurótico se transforman en culpa, ya que contienen el tinte incestuoso infantil tornando más sádico al Superyó que acusa el pecado percibido produciendo un sufrimiento torturante en el personaje que se alboroza en su aciago. Se aclara además, que estas fantasías para que puedan acceder a la consciencia deben ser regidas por la condensación y desplazamiento como efecto de la represión fabulando la semántica que las origina.

Caer al precipicio es caer sobre la propia castración, sobre la herida narcisista infantil donde todo era cedido y los padres eran ideales ocluyendo la falta de ser un ser deseante. Cuando se era crío nada faltaba, pero en la adultez se lidia constantemente con lo cruel de lo cotidiano, las sociedades y cambios culturales, con las decepciones, duelos y frustraciones en donde prorrumpen y se descubren las herramientas simbólicas ofrecidas por la función paterna coexistiendo con la espera como cualidad y producto de proyectos a largo plazo en pos de desistir a la inmediata satisfacción.

A pesar de todas las eventualidades surtidas en la adultez, la escena edípica no descansa en el atravesamiento de la sexualidad ni en las delineaciones escenográficas propias y singulares de cada sujeto, donde lo esperable sería que el diablo sentado en el lecho sea difuminado y desdibujado fallidamente por los diques de la represión dando como resultado el velo ante aquello sepultado pero latente, serpenteando la huella inscripta en el inconsciente al filo del precipicio con el cuerpo como borde.

Se planteó anteriormente que el cuerpo es lo que hace de borde para el niño, esa orilla que roza la piel materna cuando se lo alza, se lo cobija. Dicha reminiscencia puede pesquisarse en un ejemplo tan cotidiano como el dormir tapado, las sábanas lo rozan, lo cubren haciendo de margen, como una línea que delimita la protección y quita el miedo a la oscuridad. Esto no es más que la pulsión como el límite entre lo psíquico y lo somático con sus zonas erógenas resultantes; un cobertor, sustituto de abrigo y sostén del Otro.

El origen de los bordes pulsionales, tal vez alimentados mediante una caricia, dan paso a la constitución de zonas erógenas ya descriptas que son los ojos y el oído, es decir, la mirada y la voz configuradas luego de la formación Superyóica y el sepultamiento del complejo de Edipo que como raíz fecunda retoña como lo visto y lo escuchado. Lo repito porque es así como J. Lacan presume y destaca un itinerario pulsional agregado a través de una voz pasiva pero activa que remite al sujeto mismo, esta voz es el "hacerse", ¿hacerse mirar, hacerse escuchar? Aquí se denotan las cepas de las fases libidinales que no se acallan, de hecho hacen eco como evocaciones y el sujeto se advierte de ellas a través de las formaciones del inconsciente el cual es exigido al silencio por el oficio obrado y malogrado de resistencias neuróticas típicas.

Cuando las imágenes retornan y cuando las voces se complementan con los recuerdos, se divisan las torturas psíquicas de un "Superyó" muy sádico ante los impulsos del "Ello" y a un "Yo" debilitado y cobarde que huye, exclusivo de la estructura. Es por ello el refugio pueril de las fantasías, que pueden acceder a la consciencia pero no sin atravesar la más restringida ley prohibitiva del incesto y del asesinato conduciendo al sufrimiento y al padecimiento.

En el inconsciente han quedado frases grabadas a fuego, escenas en las cuales el neurótico se ha quedado fijado, intrigas y teorías sexuales que ante el avatar de la pulsión se han querido explorar y experimentar, la masturbación, las travesuras sexuales con otros impúberes o con los hermanos que son pares y cómplices, la actitud espía hacia sus ascendientes y otras circunstancias similares que mediante la castración se perciben como culpa, culpa por no haber sabido que eso no se "debe". Cuando se arrima la adolescencia temprana, después de transcurrido el período de latencia, resurge la pulsión y el pasado historizado confluye en la novela familiar, dando espacio a la resignificación edípica la cual acarrea denuncias y remordimientos por los destellos inconscientes de la sexualidad infantil.

Este capítulo termina con una gran incógnita, ¿cómo se posiciona el sujeto frente al diablo sentado en el lecho?

S. Freud: ..."*en todo ser humano hay deseos que no querría comunicar a otros, y deseos que no quiere confesarse a sí mismo*"...

EDIPO REyNA.
ME RECORRERÁS EN EL OLVIDO

Luego de haber traspasado y nombrado ciertas particularidades de la adolescencia, este capítulo facilitará otras aristas sobre dicho período que transcurre entre la infancia y la adultez. Tal etapa articula un proceso de cambios psíquicos, físicos y culturales reveladores en la construcción de la personalidad y de transformaciones relevantes en cuanto al deseo. Es el momento lógico en el cual se procesa la resignificación del "Complejo de Edipo" surgido en la infancia, que explota luego del período de latencia como consecuencia del deseo allí "latente" y palpitante esperando su satisfacción.

El psicoanálisis cuando hace mención sobre la adultez, refiere a la consciencia y registro de saber perder, de registrar la pérdida y de las impotencias reales de la castración como inherente al sujeto el cual porta su falta en ser.

Es reiterada la perorata desequilibrada de los adolescentes en cuanto a los ideales, anteponiendo la locución vetusta de los adultos que recitan que en aquel entonces querían cambiar el mundo. Este parecer inestable pero todopoderoso y nivel de pensamiento supremo surge en el momento de la adolescencia, imprescindible pero transitorio, ya que la decepción se hará presente frente a los acontecimientos promovidos. Hasta entonces todo se localizaba bajo las alas de los padres y el hogar familiar, los mandatos eran las guías y las obligaciones parte del quehacer cotidiano, pero desde la pubertad, el deseo arremete bajo las ambivalencias de incitar la duda de elección versus la seguridad garantida, revisando el riesgo del acto y el azaroso arrepentimiento como probable desenlace.

Elegir algo descarta otra elección, eso puede provocar la pérdida y el color amarillo propio de esta edad. Uno de los acaecimientos que se apronta en la adolescencia es la fricción sexual, con una amplia base bisexual como en la infancia, de la cual el adolescente empapado de pulsión querrá concretar cumpliendo con aquel deseo inconfesable ahora proyectado en un paisaje habilitante. Desde las connotaciones del deseo y la pulsión no todas las primeras experiencias son gustosas, siendo que es el mismísimo encuentro con la castración, el choque con otro cuerpo, con la propia falta. Sin embargo, se suscribe a través de la neurosis que el deseo puede encontrarse obstaculizado para su satisfacción.

Se alcanza entonces a describir algunas de las características de las neurosis tal como la obsesión y la histeria ante la salida exogámica y la consecuente renuencia desiderativa. Ambas se entablan como paradigmas y se diferencian por muchos motivos siendo uno de ellos las defensas que las recorren y el sentimiento de culpa propio que las caracteriza. Vale esclarecer, que la fobia, como dice J. Lacan, es una placa giratoria, es decir, puede presentarse tanto en la histeria como en la obsesión, no es una neurosis en sí misma. He aquí que Edipo REyNA, el conflicto edípico se reactualiza en la exogamia y ahora el deseo tendrá que vérselas en lo real junto al diablo sentado en el lecho que grita bajo tinieblas aquello visto y escuchado.

Como se aventuró la bisexualidad es base en la estructura neurótica, mejor dicho, es estructural. La intención es refrescar a ambas neurosis y comenzar a figurar la histeria como una estructura discursiva con las defensas que le prevalecen y el sentimiento de culpa inconsciente que la distingue.

El discurso histérico promete un jardín florido de palabras y palabras que se desplazan una tras otra, una metonimia infernal de significantes dentro de una cadena difícil de cortar, por ende, en la histeria se habla, se habla y se habla pero no se dice. En este interminable discurso "victimizado" se atina la posición de una carente responsabilidad subjetiva en las escenas que el sujeto mismo arma, desconociendo la culpa en cuanto el "Yo" no participa conscientemente de la escena.

Así como el inconsciente sabe, la consciencia nada quiere saber sobre la satisfacción pulsional, esto angustia y se es capaz de crear la escena desiderativa pero satisfacer el deseo no. En la histeria de ningún modo se va a ser el "culpable" ni "responsable", todo lo que pueda suceder es trampa del destino, propio de la mala suerte y en consecuencia nunca se podrá cumplir el deseo porque siempre va a filtrarse algo desdichado. La insignia de la histeria es que revela el secreto propio del deseo, anuncia que es insatisfecho por estructura y así se sostiene, el deseo circula, gira, se instala, pero no se satisface, a su vez, un posible puerto es convertir esa carga de energía psíquica en somática.

Huir es uno de los avatares Yóicos, en la histeria, el "Yo" nada quiere saber sobre la angustia, aunque es su almácigo, y esta es provocada por la libido sofocada queriéndose satisfacer. El Superyó se torna sádico, y la psiquis lo resuelve desplazando el deseo al cuerpo como posible destinatario; así, las instancias conforman un consenso en donde se satisfacen sin pasar a la consciencia, al "Yo" consciente, estableciendo una formación sustitutiva como posible resolución y organizando un síntoma conversivo en este caso.

Se define al deseo como insatisfecho por estructura, y se confirma que en la disposición histérica el deseo es deseo de deseo insatisfecho. ¿Cómo comprender que se desea la insatisfacción del deseo?, la respuesta que se arrima es "para" sostenerlo insatisfecho.

Quiero aclarar el por qué puse "para" entre comillas. Poco se le escapaba a S. Freud ante el discurso en las neurosis, en consecuencia, hay un detalle importantísimo que se refleja explícitamente en la conferencia XVIII (LA FIJACIÓN DEL TRAUMA) pero que en muchas ocasiones pierde su colorante infalible para muchos profesionales.

El autor cambia una preposición haciendo un pasaje del "por qué" al "para qué". Esta distinción preposicional, expone, justamente, la denotación de una pre-posición, que resume "entre comillas" hacia dónde se dirige el deseo (su meta). El autor busca en este "para" el camino del deseo, por ende, con esta forma de pensar se aclara el enigma de la histeria que sugiere; ¿"para" qué se desea la insatisfacción del deseo?, respuesta: "para" sostenerlo insatisfecho, esa es su meta, in-satisfacerse. En la histeria el deseo trata de sostenerse a sí mismo insatisfecho, es una pre-posición ante el acto del deseo mismo. Sería escatológico posicionarse en él, porque sí así lo hiciese el sujeto, remitiría a un ser castrado y deseante, y ser un ser deseante reclama al diablo en el lecho.

Se discierne esta cuestión que parece confusa. Decir que el deseo es insatisfecho por estructura, no quiere decir que el acto del deseo no se consuma, quiere decir que luego de consumado, el deseo se desplaza. A modo ilustrativo: un sujeto quiere estudiar medicina, se recibe, ¿pero allí se acaba todo?, no, luego de recibido quiere hacer un posgrado, etc. No se colma el deseo, se desplaza, en este caso a eso se refiere que el deseo es insatisfecho por estructura. Otra cosa es en las neurosis, no se consuma el acto, queda el sujeto pre-posicionado; en la histeria un modo de representar el deseo es desfilarlo mediante un acting. Un sujeto averigua, se inscribe, va a la facultad, estudia pero en los exámenes le va mal, por ende tal vez termine desertando (su deseo) excusándose victimizado.

En la histeria existe un arcano incesante inconsciente que se sostiene en el campo del deseo del Otro, es la eterna incógnita idealista que supone que el Otro va a responder con un saber perfecto y sin faltas ante la posibilidad de acceder al acto desiderativo (ideal materno de la batería significante), consiguiendo así la respuesta exacta, propicia y segura para actuar (a pesar que el deseo es riesgo; pero se insiste), ¡cuánto miedo! Sin más, esto se trata de encontrar la garantía absoluta, porque sería insoportable en la histeria atravesar el acto del deseo, porque el deseo es falta y franquea despojando todo indicio de seguridad, por eso, el sujeto se pre-posiciona preguntando y preguntando, no es por nada, que se colman los discursos histéricos de valores morales. Conclusión, nadie, ni siquiera los ideales supuestos, pueden dar réplica sobre el deseo singular subjetivo, es solo cuestión de habilitarse a sí mismo y comprenderse desde la posición de castrado.

En la pre-posición constante actitudinal de esta neurosis, la pregunta y la respuesta por el deseo es vital, es una dialéctica que repercute siempre en ambos polos (amboceptores). La veracidad, es que no consta una contestación que sature, no se encuentra la presunta totalidad en el lenguaje, de allí que nunca es eso, es decir, nunca se halla el absoluto como garantía para accionar. La escena del deseo insatisfecho es sembradora de tirantez como una opción de circulación desiderativa, en la no satisfacción del acto este solo discurre en la atmósfera insistiendo en la metonimia.

Esta explicación acarrea el intento de comprender qué es lo que seduce en la histeria y cómo se relaciona con la posición bisexual, y la conjetura ya vaticinada es que lo que seduce en la histeria es el falo, quien porta el falo es causa de deseo y seducción, por ende, que alguien se posicione fálicamente genera deseo y el "tener" remite a la completud, al ideal, ¿cómo castrar al ideal para que se sienta en falta?

La histeria es la neurosis comisionada de castrar al Amo, agujerearlo en el afán continuo de obtener la respuesta de su lugar en el campo del deseo. Allí donde el deseo circula, la histeria va a estar entretenida con un sinfín de enigmas ante lo ignoto de sus dudas. La posición en la que se ubique el sujeto con respecto al falo indicará la salida ante la sexualidad, tener el falo, no es igual a serlo, agujerear al Amo para que desee tener el falo, ubica al sujeto en posición de serlo para obturar la falta, ¿les recuerda a algún lazo antiguo dicha escena? Ser el falo, es ser alguien en el campo del deseo del Otro para completarlo, obstruyendo su falta, y este vínculo no es más que la repetición del hijo como falo imaginario de la mamá remitiendo a ser ÚNICO.

Es muy común que la envidia sea una emoción muy típica en esta posición de ÚNICO, siendo la malsana satisfacción de destruir al Otro, al Otro que tiene, y al Otro que es. Esta emoción puede presumirse como ejemplo cuando un sujeto se enfrenta a una pareja de enamorados y supone ficticiamente un vínculo de completud, unicidad y complementariedad, donde ambos son y tienen, pre-posicionándose como tercero en discordia que compite por ese lugar.

Repito la insignia que según S. Freud advirtió aunque no coincida en totalidad con él. El autor dice que la mujer tiende a las metas pasivas, ser amada, deseada, pero esto no es así estructuralmente en la neurosis. La mujer también ama, también desea, también tiene la capacidad de ser activa en su deseo, es decir, de tener el falo para darlo. Un clara mostración actual se manifiesta en las luchas feministas, mujeres fálicas salidas de culturas de subordinación, pasividad erótica y deseante, calificadas como no aptas para la academia, para trabajar, sino solo para ejercer la maternidad como meta de vida despojadas del deseo singular, lo cual distingue y aclara lo que expuse en otros párrafos, que ser madre no es ser mamá.

En la histeria se es homosexual en tanto la pre-posición ante el falo, esto va más allá de la elección de objeto de amor, supera la elección de estar con un hombre o con una mujer, insisto, es una pre-posición y la incógnita sobre el deseo cuestiona. El falo seduce, y ese falo tiene un significado singular para cada uno, ese significado de objeto de valor es particular del ser deseante. Es de amplio saber sobre las escenas triangulares en la adultez, en donde uno de los tres es el falo, tiene el valor y brillo fálico seductor del cual se jacta para sostener la escena mientras los otros dos participantes compiten por ganarlo, he aquí la envidia, ser el deseo del Otro y preguntarse por su significado en el campo del deseo, ¿qué soy para el Otro?

Esta ficción tan reconocida en la madurez expide al tiempo lógico infantil de la fase fálica y la diferencia anatómica entre los sexos que invita a las diferencias de tener o no tener el falo, no en el sentido de órgano sexual, sino de objeto de poder, angustiante por cierto para el hombre perder su preciado objeto y dolor en la mujer como inherente a no tenerlo. Pero por lo explicado, nada le falta anatómicamente a la mujer, sin embargo, en el imaginario algo se ha perdido y ha quedado en inequidad de valoración.

Muy recurrente en la histeria es la victimización en tanto valoración, es frecuente escuchar "él o ella no me valora", a lo cual sería pertinente intervenir: "en eso entonces coincide con usted", pero como se está fuera del dispositivo analítico lo tomo solo para pensar esta desvalorización del ser. Quien porta el falo para el sujeto será aquel significante significado por el discurso del Otro, como bien se dijo el falo es un significante que viene a nombrar la falta y se significa con la batería significante, y lo que se teje alrededor de esa falta son las cadenas metonímicas que con sus singulares significados harán de la estructura un estilo de discurso.

Los discursos del Otro, los deseos del Otro, se impregnan en el inconsciente por ser seres hablados y deseados por el Otro ¿amados y deseados cómo?, esta pregunta está velada en las sombras, motivo por el cual repito que en cuanto se revele el misterio la angustia aparecerá como respuesta ante la identificación con el objeto "a". Peleas cotidianas dan reflejo a tal dialéctica inconsciente, regaños al estilo ¿qué soy en tu vida, solo un hombre proveedor de plata?; recito este ejemplo para plasmar en la cotidianidad la pregunta sobre el deseo del Otro.

Nada de esto es fijo, el falo se pondera en la dialéctica del tener/ser, y es regla en la histeria que lúdicamente se traspase de una pre-posición a otra, o generando deseo o deseando, pero siempre sin pasar al acto del deseo, este se sostiene insatisfecho. Esto no quiere decir que no se concreten deseos, habría que ver cuáles son los mecanismos defensivos discursivos que privan su satisfacción, alguna llamarada pulsional latente posee, pero ya se estaría en otro estatuto de la estructura ante una valiente y voluntariosa decisión de cura.

Se relata ahora la otra estructura neurótica que es la obsesión, que como analista la conceptúo como un subproducto de la histeria en tanto el sentimiento de culpa es consciente y permite un juicio adverso, sin embargo, el obsesivo se autoriza para vivir en la duda y procastinar el acto.

Así como en la histeria el deseo es deseo de deseo insatisfecho, en la obsesión el deseo es deseo de deseo imposible y suele confundirse con la figura del adolescente en tanto duda, pero es tajante lo que los diferencia. El obsesivo no va a castrar al Otro para que se genere la escena de deseo, sino que va a obturar constantemente su falta. Gran pareja la histeria y la obsesión, en la histeria la demanda es constante, y en la obsesión el demandado responde ofreciendo los pedidos interminables para sacar de circulación al deseo. Para el obsesivo satisfacer su deseo es imposible, en tanto remite a la muerte del "padre", un padre gozoso omnipotente que mediante castración no solo priva a su madre sino a todas las mujeres, no brinda opciones, por lo tanto, para obtener una, el asesinato debe precipitarse pero la ley lo prohíbe.

La idea resolutiva sería que este "padre" goce solo de una, de su madre, y otorgue otras hipotéticas de elección pero hábilmente goza de todas. Un "padre" omnipotente, portador del falo que mediante castración no le brindó opciones al hijo, no obstante, tiene que morir. En la contracara de la histeria se topa con el "padre" impotente, el que nunca pudo, el que ni a su madre tiene, y la dinámica histérica será la salvación del "padre" siendo el falo completando su falta en ser y sosteniendo su elevación al ideal, por supuesto, todo esto es inconsciente.

Para redondear, la ley predominante en la obsesión es la prohibición del asesinato, en la histeria del incesto, aunque ciertamente, ambas están inscriptas, solo apronto la relevancia según la neurosis prevaleciendo en una el miedo a la muerte (obsesión) y en la otra el miedo a la locura (histeria).

Los modos discursivos del obsesivo son muy aburridos, sostienen un enunciado reglado, rígido, calculado, pobre y una narración sin mediar emociones. Es totalmente impersonal cuando relata escenas, es como si estuviera desdibujado, pero a su vez, siempre siente culpabilidad, revalidando que el sentimiento de culpa es consciente. El Superyó es totalmente sádico por su goce, es un "padre" omnipotente y severo que le prohíbe desear, ese lugar solo le ocupa a él. Vestigios de fijaciones pulsionales se reflejan en ciertas actitudes compulsivas que los definen, dar-no dar, retener-expulsar; calificadas como ecuaciones relativas a la fase anal que prepondera en el obsesivo mientras que la oral en la histeria.

Estas vendrían a ser las neurosis más enfatizadas a pesar de que ninguna es pura ni los síntomas son tan exclusivos como se describieron. Lo que ambas tienen en común son las características propias de un conflicto edípico no resuelto que ha sido tramitado y elaborado fallidamente. Las escenas singulares de cada sujeto hacen de las neurosis una elección involuntaria, el sujeto no selecciona que neurosis aprehender, es tan espontáneo como el latir del corazón, nadie puede preferir una u otra, al margen, ambas tienen diferentes modos de manifestarse pero sin embargo el aciago del neurótico no se disuelve.

Edipo REyNA remite al reinado de amor-odio en cada sujeto de su propia novela familiar, una escena novelesca de dramas y sacrificios, insatisfacciones y mandatos Superyócios latentes que buscarán el sendero para representarse en lo real de la vida habitual, espejado en las elecciones vinculares actuando todo aquello que no se recuerda. Esas novelas o películas tienen un protagonista pre-posicionado que es el sujeto mismo aunque este no pueda responsabilizarse de su lugar actoral, por ende se vislumbran en los escenarios secuencias con variadas mascaradas ficcionarias que se ostentan a describir en breve. Es central esclarecer que a nivel del inconsciente el sujeto miente, y esa mentira es su manera de decir al respecto de la verdad, la verdad sobre el deseo.

En la histeria se quiere develar el enigma del deseo, se quiere comprender, pero este se enmascara. Es insoportable satisfacer al comediante porque no se trata de acumular, o de tener más, sino de otra cosa, siempre es deseo de otra cosa y no es que el sujeto mienta, sino que es el deseo quien engaña ocultándose y mostrándose a la vez.

A la primera de las mascaradas se la llama intriga, es bien típica y reclama ya lo expuesto. En esta escena de ficción el sujeto aparece totalmente ingenuo, como alguien que no se advierte de lo que está sucediendo y actúa totalmente desentendido, o sea, no se transparenta en esta perspectiva una responsabilidad en la escena ni mucho menos su participación en ella. El sujeto aquí no tiene nada que ver con la escenografía, sin embargo, ocupa un lugar de testigo o espectador del cual se jacta falazmente ya que es protagonista y generador de su propio teatro; así sostiene el deseo, pero no el suyo sino el del Otro. El sujeto genera la escena del deseo, lo causa, lo nutre, lo sostiene, juega con la falta, pero la condición es que no se concrete, por ende, lo instala en el aire fraguando una tensión pero gaseosa. Un cuadro básico puede avistarse cuando un sujeto comunica a dos amigos que tiene algo para contarles, que es terriblemente importante para él "hablar", pero admite que en ese momento no puede decirlo prometiendo buscar el momento. Esta situación genera intriga e incógnita, causa una tensión desiderativa frente a los actores de la escena, sin embargo, es premisa que esa cosa importante nunca se sepa y quede circulando el deseo en el escenario del Otro.

Ahora se narra la conversión, algo ya de esta máscara expuse. Acá quien está detrás de las bambalinas es el cuerpo mostrando el deseo y ocultándolo a la vez. Toda la carga psíquica que queda circundante, girando, se desplaza como efecto de la defensa hacia alguna parte del soma convirtiéndola en una zona erógena, por eso muchas veces en la histeria se adquiere una gran magnitud de dolores físicos producto de una fuerte excitación. Como bien lo exhibió S. Freud: ..."el síntoma, es la práctica sexual de los neuróticos"... y en este caso, el síntoma es somático.

Otra de las mascaradas es la provocación, aquí el sujeto se presenta como quien causa el deseo en alguien, se pre-posiciona como falo incitando a inducir el deseo, pero sin dudas, como su condición es dejarlo insatisfecho, no accede al efecto que causa. Este tipo de máscara es muy típica en los encuentros románticos, de hecho, se le dice histérica a aquella persona que seduce pero no puntualiza.

Se debe hacer una gran distinción entre la seducción deseante y la provocación histérica, la primera puede ser un estilo lúdico de cautivar, una escena traviesa para justamente concretar ese deseo aunque no sea satisfecho inmediatamente (recuerden, espera y frustración son las dos caras de una misma moneda). En la explanada mostrativa, se puede considerar que una mujer le dice que "no" a un hombre para incidir en su propia valoración vía privación tentando, sin embargo, este tablero no excluye que el acto desiderativo se consuma más adelante. En la provocación, la inferencia es sostenerse insatisfecho, pero producto de una psicopatología. Se ilustra así a una alumna que seduce a su profesor sabiendo que no puede hacerlo, lo "provoca" y si el profesor se acerca respondiendo a su intención le comunica que no es ética su acción, en consecuencia, también juguetea con la falta, con el deseo, pero conlleva la condición de que quede girando en la cancha, no lo concreta.

Por último, se avecina la reivindicación, la cual es muy común en tanto el sujeto se siente con odio, decepcionado, traicionado y con mucha ira, peca de un reclamo al Otro de por qué no se lo participó en la escena del deseo. Se renueva como ejemplo a aquel sujeto que quiso dar a sus amigos un mensaje importante. Supongan que este actor que generó la intriga ve a sus dos amigos tomando un café y él no fue invitado, seguramente estallará en rabia y angustia por no haber sido partícipe de la escena del deseo, se sentirá excluido y traicionado preguntándose cómo pudieron hacerle eso. El sujeto en la intriga implantaba el deseo en el Otro, se trataba del deseo del Otro y él era testigo, aunque claro está que era el protagonista. En esta mascarada el sujeto se reivindica sosteniendo la misma posición ingenua; si se piensa racionalmente, él prometió buscar el momento, pero cuando ve a sus amigos se siente traicionado y, un probable pensamiento de exclusión surgirá ante la visión de la escena ¿acaso no les importa lo que tenía para comunicarles? El problema que aquí insta es la revelación de la concreción del deseo causado por la intriga, pero como el sujeto necesitaba sostenerlo insatisfecho nace la angustia, es decir, se ilumina el objeto "a", tantas veces expresado teóricamente. Se puede cavilar, que todo lo que incitó y compuso el personaje causó quizás en los amigos el deseo de reunirse, y hasta tal vez no lo invitaron por el explícito motivo de que el sujeto les había dicho que iba a buscar el momento, pero él de esto no se responsabiliza.

En todas estas mascaradas, el común denominador es que el sentimiento de culpa es inconsciente, quiero decir, que el "Yo" no se señala en ser el generador, causador e intérprete de la ficción. Estos recursos que se manifiestan en la histeria, estas mascaradas, traen mucho sufrimiento y padecimiento al sujeto, no le es gratuito, porque no es que miente sino que el deseo engaña, y estos telones lo dejan exhausto.

A través de todas estas explicaciones se conjetura que Edipo REyNA y seguirá reinando de una forma muy particular y singular en cada sujeto, pero las características principales de la estructura se postulan universalmente. El deseo en las neurosis pronuncia los obstáculos a los cuales el ser humano está propenso por serlo meramente, de eso se trata la castración, que no todo se puede. Es factible que en ciertos contextos el deseo y la fuerza pulsional duerman en un páramo, pero el suplicio es que la fuerza de la pulsión es algo constante y resurge parpadeando.

Se confunden asiduamente los conceptos de deseo y pulsión, los cuales empezaron a aclararse en este capítulo pero en el próximo se profundizarán junto con la noción de objeto pulsional y objeto "a" arribando al circuito conclusivo. El deseo es un agujero, una falta, que indica que para satisfacer su completud tendrá que encontrarse con una ilusión que lo ateste (falacia, es insatisfecho por estructura).

Para rememorar el concepto de pulsión de diccionario psicoanalítico, hago una mudanza desde otro capítulo caracterizándolo como un borde entre lo psíquico y lo somático describiéndolo en una proyección. Imaginen a dos países como Argentina y Francia, Argentina se disfraza de psiquis, Francia de cuerpo. En Argentina existe una colonia gobernada por el embajador francés, el cual simboliza una zona erógena representando a Francia, por ende, Francia posee un representante en la psiquis, un significante y su peculiar significado. Recuerden que el cuerpo es hablado y nombrado por el Otro de la batería significante, creo esta una de las mejores maneras de exponerlo.

No es casual haber expuesto a las neurosis en este apartado, a las salidas exogámicas y a los mandatos sociales; como se advirtió, la cultura preexiste y recorre al sujeto en el intento de olvidar.

En el siguiente capítulo estas nociones van a chocarse por semejanza cuando se reanude el objeto "a", se recorra el camino pulsional, a sus objetos inherentes y a sus bemoles desiderativos, lo que dará ejecución y asertividad a que en la vida del mortal neurótico agobiado, "Edipo REyNA", y lo recorrerá en el olvido.

S. Freud: ..."*La hiperseveridad del Superyó no responde a un arquetipo objetivo, sino que corresponde a la intensidad de la defensa gastada contra la tentación del Complejo de Edipo*"...

En ti más que tú.
"YO" te deseo, aunque no lo sepa.

Se arriba a este capítulo no sin ser uno de los escritos más importantes ya que reúne información antepuesta y revela incógnitas sobre temas arduos de sopesar, vendría a ser una condensación y desplazamiento de lo ya visto. No es fácil lo que se expondrá porque ciertos conceptos suelen confundirse de manera frecuente trayendo disturbios en la clínica y en la dirección de la cura.

Por un lado, no suelen discernirse correctamente el deseo de la pulsión, parecen lo mismo pero no es así, de hecho son muy distintos, por el otro ambos contienen atribuciones propias en terminologías que les pertenece, que son, el objeto "a" y el objeto pulsional respectivamente, también sometidos a bolsas de desconcierto. Lo complicado consigna en llegar al núcleo de aquello que los diferencia porque, desde algún lugar resuenan similares pero cada uno tiene su territorio en la estructura, consintiendo a su vez, que comparten raramente el mismo camino hacia la satisfacción. ¿Por qué raramente?, porque si así no fuese no constarían los síntomas, el padecimiento, las neurosis en sí mismas; sería muy trivial simplificarlos cuando remiten a la entraña del análisis. Por ello se tanteará especificar uno por uno y luego se aspirará a engarzarlos para descubrir cómo se entrelazan funcionalmente.

Se inicia con el misterio de la pulsión y solicito tener en cuenta al lector lo explicado precedentemente cuando expuse su acepción ejemplificando a la psiquis y al cuerpo como si fuesen países, reflejando a su vez cómo se representan a sí mismos desde áreas diferentes. Se refrescan sus elementos para esclarecer las ideas que se vierten más adelante: fuente, fuerza, objeto y meta.

De alguna manera ya se enseñó sobre la fuente cuando comuniqué que al principio de la vida el niño y la niña son varoncitos y esta es idéntica para ambos. Repito que esa fuente es la mamá o sustituta quien acudiendo a sus cuidados despierta la libido y zonas erógenas entre otras cosas.

La fuerza es la energía libidinal en sí misma, esta es pulsátil pero constante, a veces recorre la vida, otras veces la muerte, y se manifiesta reorganizándose perpetuamente.

La meta es allí donde se satisface, no importa cómo, y lo hace a través de cuatro destinos posibles: trastorno hacia lo contrario, vuelta hacia la propia persona, represión, sublimación. Una vez satisfecha en su meta, se relanza nuevamente al circuito.

Por último se anoticia el objeto que es lo que voy a explayar. El objeto de la pulsión no es el objeto "a", son dos designaciones distintas, también en otra ocasión requerí que se retenga en mente a los objetos pulsionales tanto orales, anales, fálicos, etc. Este siempre es contingente, a la pulsión no le importa qué prende, qué aprisiona, qué agarra para obtener su satisfacción, sí se puede confirmar que es singular y propio, y se relaciona intrínsecamente con las zonas erógenas y con la vida anímica del sujeto.

Para desmenuzar y reanimar lo dicho refiero que el significante pecho es oportuno de la fase oral,

que puede ser sustituido por un abanico de objetos utilizables a disposición del sujeto en el afán
de reencontrarse con aquella experiencia mítica
de satisfacción, la cual, perseverantemente deja un
plus insatisfecho. Esto ya puede observarse desde
el chupete, también en la comida, en el alcohol, en
el cigarrillo, en los besos. Prima el borde "boca", o
sea una zona erógena que querrá saciarse incesan-
temente.

Cuando arremete la castración, el pecho materno
se pierde como posible objeto, siendo que el infante
crece y a su vez las leyes lo prohíben, pero el intento
de satisfacción no merma, por ende, este irá despla-
zándose hacia otros que lo sustituyan y se habiliten
como suplentes. Refrendo que cada objeto es singular para cada sujeto, puede ser cualquier significante que apruebe su novela, pero sería inabarcable
su mutabilidad. La condición que lo distingue es la
capacidad de reactivar a aquel borde instigador inscripto como zona erógena, el cual resignifica a la
pulsión como el límite entre lo psíquico y lo somático. En la concreción de un beso puede localizarse
este marco, siendo que en el roce se ostenta incons-
cientemente reactivar aquella huella, y en caso que
así no fuese, sencillamente se convierte la tentativa
en una experiencia pasajera sin precedentes.

Ahora se ambicionará distinguir el objeto "a" y
luego pasar a relacionarlos. J. Lacan llama al objeto
"a" no solo como su único invento, sino como un
resto, una cosa, que una vez que cumple su función
se pierde, queda obsoleto como una sombra de lo
que allí fue y estuvo.

Una mostración competente es la grafía de la
placenta, siendo que esta es imprescindible para
la vida, que sin ella no puede gestarse el niño, sin
embargo, una vez que cumple su encargo se des-

echa como un resto. Otro ejemplo pertinente es el eyector de un cohete, este dispara, da la fuerza y el impulso para que pueda despegar, empero, una vez efectuada su destreza también se descarta como un resto. En ambas secuencias se declara un "restante" apelando a aquello que existió cumpliendo una función eficaz representando la matriz de alguna causa; esa matriz causante y perdida se bautiza con el nombre de objeto "a", así se llama al silencio y eco de su sombra.

En donde allí estuvo quedó un hueco, un vacío, un quiebre. Estas pertinencias vociferan el mensaje del no absolutismo del sujeto, denuncian que algo está perdido por estructura y que a consecuencia esa perforación será insatisfecha por su esencia misma porque jamás podrá inundarse en su totalidad, siempre sufrirá ese vacío, quiero decir, su cualidad es ser un faltante. Solo es a través del amor como ilusión de plenitud que se sentirá su colme, aunque sea momentáneamente porque toda ilusión cae al precipicio, no obstante, se deduce que ese agujero es algo causado, sembrado por algo que allí estuvo desempeñando una función ya perecida.

Esa perforación es producida por un objeto llamado "a" que lo causa por haber constado y dejado como resto su crepúsculo. Otra forma de decirlo, el objeto "a" perdido arrojó su ausencia y las ansias de ser recuperado, por ende, ese ansia causará el deseo mismo de resucitarlo. Concluyo, el objeto "a" como espíritu, causa el deseo en el sujeto de querer vivificarlo y recobrarlo, ¿cómo se intenta?; aprehendiendo cualquier otra "cosa" sustitutiva autorizada; he aquí la pulsión buscando objetos tentativamente prometedores.

Ahora se extiende otro concepto para continuar concibiendo la función del objeto "a" como causa de deseo y es el de "extimidad", un neologismo creado por J. Lacan que condensa lo externo y lo íntimo, dando sustancia y legitimidad al inconsciente freudiano en cuanto aquello externo, aquello que pasa por fuera es próximo y, además, está íntimamente relacionado con el seno de uno mismo, tan íntimo y mucho más íntimo que cualquier cosa que sea propia. San Agustín lo dice así: ... "Dios es más interior que lo más íntimo mío"...

La aparición del objeto "a" causa extrañamiento, el neurótico experimenta la experiencia de un estado de exilio cuando se aproxima velado por su sombra para que la angustia no protagonice el encuadre. Entonces sin advertencia, aquello que pasa por fuera, externo, está íntimamente relacionado con el ser, un ser que se destierra pero a su vez se reconoce por reencontrar ciegamente su posición en el campo del deseo del Otro primordial, identificación causada por un objeto invidente que apantalla su vínculo primero ahora en potestad de un semejante foráneo que se presume "desconocido familiarmente".

Explanado en una escenografía se puede imaginar que alguien aparece e irrumpe en la vida de un sujeto, este se siente estupefacto, no consigue pensar ni darse cuenta qué es eso que siente, pero podría decirse poéticamente que es él más que nunca, es decir, renace como ser en el deseo. Allí se examina en un lugar brindado externamente, ¿se podría especular que dicha persona externa porta el objeto "a" causación de deseo? Evoquen a dos enamorados, ambos causados el uno por el otro, en donde es fácil escuchar "¡no sé qué me pasa!", pero se identifican, se nombran a sí mismos confluyendo en una posición portada por aquella sombra que la pulsa y causa.

Esta posición es dada por el Otro, pero no es el par de esta escena presente quien otorga esa clima, sino que hay que retraerse al primer capítulo ya que lo que se reproduce es la clonación y causación de deseo construido sobre el primer vínculo de amor; encubierto porque nadie podría acusarse explícitamente sobre aquella anticuada relación, pero es esta la que se reitera una y otra vez sustituyéndose, de amor en amor, de escena en escena, porque así es la estructura, insatisfecha, y así es el primer lazo amoroso, real, como núcleo de inconsciente.

Recuerden que el ser es hablado por Otro, amado por Otro, cuidado por Otro, y el inconsciente queda estructurado como un lenguaje, tallado. Todos ocupan un lugar en alguien, así como alguien ocupa un lugar en otros, por ello el ser se relaciona y siente amor con cierto prójimo y no con cualquiera, ratificando que aquel ser externo causa lo más íntimo de sí mismo, está por fuera, pero causa por dentro.

En esa coincidencia con el semejante actual, se repite aquel lazo primordial afectivo del hijo con la mamá ocupando un espacio en el deseo. Ese hijo como falo cubrió la falta materna, fue su ilusión de completud, he aquí la pregunta paradigmática lacaniana ¿che vuoi?, ¿qué pretendes?, traducido, ¿qué soy en el campo de tu deseo?; pregunta inconsciente. La posición que le ha dado esta mamá a su hijo en el campo del deseo fue a través del lenguaje, del discurso, por eso no es lo mismo que una mamá le exclame a su hijo "cambiaste mi vida" a que "arruinaste mi vida". Esas frases y otras, son las que nombran un sitio en el campo del deseo, una posición en el campo del deseo del Otro.

Es muy común en la clínica este tipo de rediseños, escuchar a una mujer por ejemplo que es maltratada por su marido, pero si se investiga como

analista se comienza a reconstruir arquitectónica-
mente lo olvidado, lo reprimido sobre los vínculos
primordiales y es muy asequible que tras el relato
se conjugue a una hija sometida a vejaciones pro-
movidas por sus afectos primarios. A partir de aquí
se alcanza a aclarar algo más. Se dijo que el objeto
"a" está velado, quiere decir, que tal vez dicha mujer en la escena maltratadora vigente se reencuentra
auspiciada, identificada, y por más que un entorno
propicio quisiera impulsar el registro de cuál es su
posición en el contexto no se advierte de ello, y eso
es porque el objeto "a" se precipita como un manto,
es parte de su realidad psíquica, su fantasma vital
ciego.

Sería buenaventura que un día advenga el atre-
vimiento de querer saber sobre el propio fantasma
en pos de un análisis para que la realidad psíquica
del sujeto recurra a vacilarse y la angustia florezca.
En ese caso renacería lo antedicho, que cuando el
objeto "a" se devela la angustia surge y ese afecto no
engaña, es la guía hacia el lugar que ocupa el sujeto
en el campo del deseo del Otro.

El analista dirigirá la cura como portador de
otras frases, agente de amor, porque es el amor lo
que cura a un paciente y ante una intervención puede que lo angustiante se presente, de hecho para
ello se está entrenado. Cuando se desenmascara
el lugar en el campo del deseo del Otro es periódi-
co escuchar algo así: ..."cómo no me di cuenta antes"...; por ende, se confirma el poder de la palabra,
de esta exquisita herramienta de trabajo como el
lenguaje en sí mismo, ya que es capaz de modificar
la estructura inconsciente padeciente y sufriente del
neurótico. Con este afecto genuino el psicólogo se
guía y construye otra realidad psíquica, otro fantasma relativizando y fraccionando ese cuerpo habla-

do por el Otro primordial, surcando ahora desde la dicción otras huellas inconscientes.

J. Lacan ante la presencia del objeto "a" predice: …"te amo, pero porque inexplicablemente amo en ti algo más que tú, el objeto "a", te mutilo"… Se ama el objeto "a", aquello que causa el deseo. Siempre alguien porta la causa del deseo de otro y a su vez, se lo ama más que a uno mismo. He aquí lo "éxtimo", el extrañamiento; es entonces que se concluye que ese neologismo remite a dos cuestiones, al Otro del lenguaje y al objeto "a".

J. Lacan: …" ¿cuál es, pues, ese Otro con el cual estoy más ligado que conmigo mismo, puesto que en el seno más asentido de mi identidad conmigo mismo es él quien me agita?"… El analizado, en suma, le dice a su interlocutor el analista: …"te amo, pero porque inexplicablemente amo en ti algo más que tú, el objeto "a""… El profesional en su aura adiestrada se propone semblantear el "a" causando deseo en el paciente, disfrazándose en verborragias tiernas para que el neurótico pueda curar su posición padeciente a través de Otro discurso; este es uno de los desempeños predominantes.

A partir de toda esta explicación es que podrá discernirse correctamente el objeto "a" por un lado y el objeto pulsional por el otro trasluciendo cómo pueden complementarse y a su vez cómo pueden desencontrarse. No es casual todo lo desplegado siendo que una vez acabada la noción del objeto "a" puede ensamblarse una de las tantas tramas de síntoma, el cual parte de un malentendido no tramitado propio del lenguaje en donde la pulsión se satisface del significante, sin embargo, no por eso el deseo la imita, sino que en asiduas oportunidades yace bajo tinieblas por la ley Superyóica que culpa al sujeto de su goce, de lo que acalla, inconfesable hasta en el sigilo.

Se plantea finalmente un criterio. El deseo mismo es aquello causado por la sombra del objeto "a", siempre se establece ese agujero listo para ser llenado y completado; por otro lado la pulsión, esa fuerza que irrumpe portando la energía libidinal cuyo único objetivo es llegar a su meta. Ergo, ante el deseo que quiere colmarse y la pulsión que quiere satisfacerse, el sujeto se lanzará a la búsqueda del encuentro experimentando objetos pulsionales sustitutos, rebordeando al "a" en su contorno como producto del deslizamiento anuente en las diferentes franjas etarias. Claramente esos objetos son supletorios, es por ello su contingencia sin importar cuál se escoge, de hecho, es sorprendente la variedad de juguetes y fetiches que ofrece el mundo libidinal. Dicho esto se puede relacionar que el deseo es insatisfecho por estructura, a su vez, que la pulsión tiene una fuerza constante, coligiendo que esta amalgama incursionará en el desplazamiento hacia innumerables ficciones en la vida del mortal.

Incógnita, ¿qué sucede cuando el deseo toma un camino y la pulsión otro? En el síntoma la libido queda fijada a un objeto al cual no puede renunciar ni desplazar, reintegrando en esta oración la genialidad de S. Freud que detectaba que el síntoma es una formación del inconsciente que divulga un deseo reprimido deshonroso, por eso se coarta y la pulsión se hace una fiesta ligada al objeto amado. Se juega entonces el deseo reprimido, pero deseo al fin y la pulsión. Es un ejercicio sumamente importante a lograr en un análisis la sustitución del objeto pulsional, no sin pasar por la angustia ante la develación sobre aquel deseo reprimido hasta entonces oculto por las defensas y la fijación como característica de la neurosis.

Remito nuevamente a uno de los destinos de la pulsión que S. Freud expone que es la sublimación. Sublimar significa desviar la meta sexual pulsional hacia otras valoradas culturalmente o socialmente, a esto se le llama meta inhibida. Estas tienen la valoración del objeto de la pulsión por sobre todas las cosas, su idealización, su elevación. Tal enmarque se visualiza en las relaciones con amigos, de quienes se procura la lealtad, la incondicionalidad y el amor tierno inhibiendo la meta provocativa. Por supuesto esto puede fallar, por eso cuando se agrieta el ideal se siente la traición como resultado y eso sucede porque se desmorona y aparece la decepción, la falta en ser. No obstante, en la cultura se entrevén numerosas de estas metas y es de máximo interés que en un análisis la sublimación sea parte del tratamiento y dirección de la cura.

Voy a exponer un tablero que espero sea entendible con respecto a todo lo explicado, para ello voy a tergiversar un caso clínico en proceso en donde la escucha fue la tutela hacia el camino de la verdad del sujeto.

Llega a consultorio una paciente llamada "M" cuyo motivo de consulta es que a ella en sus relaciones los hombres siempre la "cagan", la traicionan, que esto le sucedió no solo una vez sino siempre, en sus relaciones termina así, "cagada", cuando en verdad lo que ensaya es formar una familia.

En el realce de la escucha como profesionales se puede percibir que resuena algo de las heces retornando, alguna fijación tal vez, sin embargo es aún precario concluir algo, lo que sí se sabe es que su deseo no se concreta porque según ella quiere y no puede formar un hogar, también se está informado que la pulsión allí se satisface.

A medida que el tratamiento avanza y la narración se hace presente, acomete una frase radical de la paciente en donde se interviene para generar un corte y así un nuevo significado en el intento de hacer vacilar su realidad psíquica o fantasma. Dentro del dispositivo se la oye convencida: ..."al final mi mamá tenía razón, para ser feliz en esta vida hay que ser un sorete"... Con la clara percepción auditiva, se interviene semblanteando al objeto "a" para esterilizarlo: ¿acaso usted es feliz?, la paciente expatriada contesta que no. Se retoma indicando: ¡ah qué raro! porque usted peca de "sorete" ¿no es que siempre la cagan? Momento ideal para cerrar la sesión.

En esta instancia se juega el inconsciente hablado por el Otro primordial con una frase materna en donde lo más probable sea comprender con una audición fútil que el "ser sorete" signifique defecar en posición activa y no con ser defecado en posición pasiva. Si se reflexiona sobre la posición de esta hija se presiente cómo responde siendo el "sorete" en el discurso de la mamá, porque para esta solo siendo un "sorete" se es feliz, y esta locución es el mandato en el inconsciente del hijo, o sea de la paciente, que reúne a la libido satisfaciéndose y al deseo prohibido subyugándose en el lenguaje materno.

El analista, como está tratando con una estructura neurótica en donde el lenguaje puede segmentarse se encarga de semblantear al objeto "a", lo ilumina, lo expande, para que aparezca la angustia y se rectifique esa frase hasta entonces inamovible provocada por su fijación libidinal. Se intentará entonces mediante el tratamiento castrar a la batería materna para permeabilizar su discurso por la paciente idealizado, ¿por qué tendría razón de decir lo que dice? La cuestión es que castrando el ideal, se llega a la propia castración y el neurótico sobre nada de ello se quiere advertir.

Sutilmente hasta aquí los vocablos se conectan y se continua exponiéndolos, ¿cómo puede esta paciente hacer de su deseo un deseo "satisfecho" aunque se sepa que es insatisfecho por estructura? Cumplir alguno de ellos es lo que al sujeto lo hace vivir, pulsar, seguir, proyectar. Pues bien, el inconsciente si hay algo que sabe es elegir y repetir, no hay dudas, pero ciertas maniobras pueden forjar algo inaudito para que el fantasma se rearme y se reconstruya de otra forma no doliente.

La sublimación pretende ponerse en práctica como opción en función del dispositivo. Si se simboliza este objeto "a" identificado con las heces, algo puede construirse con ello, como direccionar a la paciente a que estudie algo relacionado con las ventas, o aunque parezca irrisorio con la proctología, ¿es una meta valorada socialmente?, ¿está el objeto heces idealizado? Se arrima así la noción de J. Lacan sobre la sublimación que dice: ..."Elevar el objeto a la dignidad de la cosa"... El objeto "a" dijo J. Lacan que es una cosa, que se eleva dignificándose en la cultura y qué mejor que la pulsión lo acompañe aprehendiendo un objeto docto para satisfacerse.

Esta cuestión de dignificar al objeto sucede en el lecho también, cuando el diablo se sienta y "Edipo REyNA". En el acto sexual el objeto de causación se denigra, de hecho en el mismo acto se pronuncian groserías eventuales, sin embargo, puede quedar velado en el mismo acto con un "te amo", porque el lenguaje vela y eleva el objeto a su dignidad, a la idealización, escondiendo la angustia y enmascarándola ante lo real. Las lencerías no existen porque sí, la luz tenue tampoco, cubrir el cuerpo es la incitación al deseo.

Retomando el síntoma, esta paciente ha quedado fijada a una frase que la posiciona en el lugar de las heces en las relaciones afectivas, producto de las repeticiones y reminiscencias inconscientes de su primer lazo de amor. Cabe aclarar que estos significantes son los que construyen la realidad psíquica y esto es singular, la lectura solo recae en la responsabilidad subjetiva de la paciente meramente por ser un sujeto en la cultura atravesado por el lenguaje, por ser un ser parlante, no siendo seguramente esta máxima la única. También se esclarece que la pulsión allí se satisface como residuo de ese lazo, así como se cumple un deseo que, por reprimido, es proclive a deducirse como incestuoso, no obstante, aquí silba el título del primer capítulo "te arrastraré conmigo, una forma de amarte siempre".

Sé que esta declaración puede asustar, ¿desear a la mamá?, pero es imprescindible que este vínculo acontezca, que este lazo exista, la paradoja es cuando se desplaza el deseo hacia otra representación como en el caso "M" en donde la paciente quiere formar una familia con un hombre pero la pulsión no la acompaña, sino que está fijada satisfaciéndose en el síntoma junto a aquel deseo reprimido. Para aliviar un poco se posee el agrado de ser seres culturales, he aquí la profesión de psicoanalista entre tantas opciones ofreciendo objetos pulsionales sustitutos. Otra arista que se juega también es la plasticidad pulsional de la paciente para su futura renuncia al objeto materno, lo cual compromete otra ejecución a realizar.

Luego de haber acondicionado el caso "M" se agrega otra cuestión relevante que anoticia J. Lacan que aunque parezca controvertida dice: ..."Soy donde no pienso y pienso donde no soy"... Esta prosa no es ajena a decir: ..."amo algo más que tú mismo"…, porque allí en donde el deseo aparece el sujeto se afaniza. Es el sujeto quien desaparece, emerge el deseo y el sujeto (sujetado al lenguaje) se confina, es como si quedase abolido y allí en donde se piensa se encuentra como plebeyo del lenguaje. He aquí una punto muy importante que anticipa que en cuanto se proclama la afirmación "te deseo" verazmente no es el deseo quien se apronta, sino el anhelo. Deliberen en situaciones cotidianas para entender este panorama, si alguien se acerca a la persona amada es probable que se posea todo un discurso para vaticinarle, sin embargo, pocas palabras pueden pronunciarse ante su presencia.

Desde el comienzo se relató el origen del deseo y la pulsión, y a medida que se fue avanzando se destacaron sus tiempos, sus desplazamientos y sus características. Siempre quedan fórmulas por enunciar, el inconsciente es un archivo inagotable y la variedad de singularidades según cada persona es un interminable.

Cuando el psicólogo hurga en la infancia, en donde ignorantemente se lo burla, es para ponderar la captación auditiva que hace reverberar a ese niño construido en una familia, con sus herramientas, significados, posiciones, significantes que los atraviesan, a su vez, se rescata su cultura en tanto esta contempla su condicionamiento social. Como consecuencia de ser seres locuaces es que de amor se puede hablar, construir y edificar, y sobre esa base instaurarse como sujeto. Siempre convoco a una frase de J. Lacan que dice: …"está claro, entonces, que es hablando como se hace el amor"…, y tiene mucha razón porque el amor es una metáfora que solo el ser humano puede confeccionar.

El repaso hasta aquí se entendería: "Te arrastraré conmigo. Una forma de amarte siempre"; como aquella forma de mantener en el interior, en lo "éxtimo", en lo profundo, aquel lazo real que constituyó al sujeto con el cuál y solo por él vive. Siempre se ama, si la capacidad de amar coexiste, esta no se esfuma con los fracasos amorosos, nadie roba esa capacidad, y si alguna vez se duda por estar sumergido en el dolor les digo: "nadie confía en lo que no conoce".

"Precipicio. El diablo se sienta en el lecho". Roza lo siniestro en tanto el deseo hace su abismo ante la elección de objeto renunciando al más preciado amor que fue un pecho literal y metafórico, un mundo primario. Un lugar en el campo del deseo del Otro que puede volverse tortuoso por la voz de la ley cultural que prohíbe el incesto y el asesinato, pero a su vez, remarca una y otra vez que porque aquello fue prohibido se deseó otra cosa; es porque la ley recayó que el deseo se deslizó hacia otros horizontes. Siempre al límite, allí conduce el deseo entre el placer y el sufrimiento.

"Edipo REyNA". Aquí la escena familiar introyectada se duplica. Qué lugar ocupa cada sujeto en la novela es la cimentación psíquica con la cual el profesional va a trabajar moviendo las piezas. ¿Y por qué en el olvido?, porque esa escena no se recuerda, sin embargo, recorre las elecciones exogámicas como parte del fantasma proyectando un destino. Amor y odio, tener o no tener, el tercero en discordia, etc., son los restos del reinado edípico.

Y "En ti más que tú". El enigma sobre el deseo y la histeria como paradigma, respirando sobre esa pregunta incesante ante la esfera que se ocupa en el campo del deseo del Otro. Es en el síntoma en donde se reflejan los vestigios pulsionales y desiderativos de lazos primordiales infantiles, tejiendo velos protectores ante la muerte y la sexualidad traumáticas en sí mismas como núcleo del inconsciente. Porque se ama aquello en el Otro más que a uno mismo, porque aunque no pueda decirse, aunque el sujeto desaparezca el deseo emerge, en ti más que tú, porque "Yo" te deseo, aunque no lo sepa.

La neurosis.
Mi actitud de vida.

No es casual que haya dejado este capítulo para el desenlace, es pura ánima freudiana. Espero poder a través de mi sapiencia y alucinación por él como investigador y sanador del alma transmitir su pensamiento. Se revisan incansablemente sus teorías y siempre se renueva la mirada ante su escritura. Por ello, me voy a referir en estas líneas a sus conferencias manuscritas antes de su texto bisagra que rompió con su propio paradigma en 1920 que es "Más allá del principio del placer".

Él era providente y avistaba el camino, lo iba armando de a poco hasta llegar a conclusiones revolucionarias en el estudio de la psiquis humana. Recalco dos conferencias colosales en su memoria: la XVII "El sentido de los síntomas" y la XVIII "La fijación del trauma" ya comentada en otros capítulos. Son coloquios que se pasan por alto, sin embargo, su contenido es magistral, enseñan prácticamente el ombligo psicoanalítico.

Tomaré una viñeta clínica de la conferencia XVII, el de la noche de bodas que fue tratado por ideas obsesivas, a la cual le brindaré un giro en su enfoque en afán de razonar referencias cruciales al momento de un tratamiento analítico. En esta majestuosidad el autor le ofrece su honor a J. Breuer como el descubridor del sentido de los síntomas ante un caso de histeria y no duda en perseguir su hallazgo, topándose en el camino con otra clase de pacientes nombrados como neuróticos obsesivos, una línea de la neurosis ya explicada. Deduce a través de la observación que en este tipo de neurosis los enfermos son ocupados por pensamientos que en verdad no les interesan pero no pueden dejar de llevarlos a cabo, los dejan exhaustos y en su interior sienten los impulsos del más espantable contenido, empero, nunca llegan a ejecutarse realmente, lo que sí ejecutan son acciones obsesivas que están lejos de ser el origen del conflicto.

En dicha conferencia se explicitan otras de las características principales de este estilo de neurosis como la permutabilidad, desplazamiento y la constante duda. También S. Freud le da un golpe a la psiquiatría, porque insiste en llamar a los portadores de tales acciones "degenerados", pero aclara que el psicoanálisis hizo la experiencia de eliminar duraderamente los síntomas obsesivos, en algún punto, no puede creer tal desestimación; él en su demostración se asegura de vislumbrar qué tan alejados de sus jactaciones están. No le importa ciertamente si le creen o no, sabe fehacientemente que sus declaraciones han alborotado a la sociedad vienesa, tal es así, que sus allegados creen en sus presunciones pero se apartan de él por la estigmatización social productora de desavenencias.

Se comienza aclarando un pormenor del caso para no despistar el foco de tales revelaciones y luego se procurará traslucir su proceso. En aquellos tiempos victorianos, los cónyuges solían dormir en habitaciones separadas y el analista solía ir al hogar del o la paciente, invitando a una mirada espectadora instalada en espacio ajeno. Dicho esto, se vaticina comprender un nudo determinante que permuta un detalle clínico, ignoto para algunos profesionales que desatienden la reapertura de las afirmaciones del autor.

La viñeta narra así: Una dama cuya edad era de 30 años, que padecía de las más graves manifestaciones obsesivas, ejecutaba entre otras la siguiente y asombrosa acción varias veces al día. Corría de una habitación a la habitación contigua, se paraba en determinado lugar frente a una mesa situada en medio de ella, tiraba del llamador para que acudiese su mucama, le daba algún encargo trivial o aún la despachaba sin dárselo, y de nuevo corría a la habitación primera. Toda vez que S. Freud le preguntaba a la paciente ¿por qué hace eso?, ¿qué sentido tiene eso?, respondía que no lo sabía. Pero un día después de vencer gruesos resistentes, pecando que el inconsciente está en la superficie y que además es pulsativo, esta viene sabedora y cuenta que hace más de diez años se había casado con un hombre mucho mayor y que en la noche de bodas había resultado impotente. Esa noche él corrió incontables veces desde su habitación a la de ella para repetir el intento y siempre sin éxito. A la mañana dijo fastidiado: "es como para que uno tenga que avergonzarse frente a la mucama cuando haga la cama", tomó un frasco de tinta roja y volcó su contenido sobre la sábana, pero no justamente en el sitio que habría tenido derecho a exhibir una mancha así.

Aún faltaban nexos, S. Freud entendía el correr de una habitación a otra, hasta que la paciente lo llevó a la mesa de la segunda habitación y le hizo ver una gran mancha que había sobre el mantel, declaró también que situaba a la mesa de modo tal que a la mucama no pudiera pasarle inadvertida. Dos aclaraciones más, una es que en aquellos tiempos la sangre en las sabanillas representaba el coito y a su vez la virginidad llevada hasta la noche de bodas.

La otra ya escrita en la *Interpretación de los sueños* donde pronuncia la similitud en el par simbólico cama-mesa. Hasta aquí el relato, así que empiezo con el vislumbre propuesto.

Aunque S. Freud deja claro y sin intención a dudas que se trata de una neurosis obsesiva, apoyo la hipótesis que la estructura es histérica y aquí doy el giro sobre aquel enfoque referencialmente nodal. En esa época, la conversión era la característica principal de la histeria en tanto el cuerpo respondía al deseo reprimido y la obsesión a acciones tales en el pensamiento. Hasta entonces se diferenciaban más claramente, pero ya es sabido que ninguna neurosis es pura y que la obsesión puede llegar a ser un subproducto de la histeria, sin embargo, rigen indicadores relevantes de cómo se construye en el psiquismo la función paterna en cada una.

Ya expuse la construcción del "padre" estructural en la neurosis histérica y en la obsesión. Pero en este capítulo se aclara que cuando lo anoticié no hablaba del papá que tocó en vida, sino de aquel labrado y edificado en la psiquis. El "padre" en la histeria es impotente, remite a la madre fálica no deseante, no gozosa de ese falo, mientras que en la obsesión el "padre" es omnipotente y la madre es deseante de un falo poderoso ambicionado por todas, por ende, se atisba en estas cimentaciones la potencia versus la impotencia, se iluminan las posiciones ante el falo y la arquitectura en la organización psíquica.

Lo que se ilustra son nociones que se fueron enunciando a través de todo el libro, poniendo de relieve a las neurosis como soluciones psíquicas en aras de huir de la mismísima castración. Algunas de las diferencias se delimitan en las amnesias, en la histeria, las lagunas del recuerdo son más visibles, el olvido es recurrente, la historia está llena de brechas, la representación está reprimida y el afecto se desplaza. En la obsesión, también se desplaza el afecto a estas acciones nimias pero el recuerdo está vigente, aunque insisto, nada es tan cristalino.

En el enmarque de esta paciente su recordación está allí consciente, de hecho, ella cuenta su experiencia en la noche de bodas, pero faltan innegables conexiones. S. Freud no titubea en apreciar que sus actos obsesivos remiten a dicha vivencia, sin embargo, ella no le encuentra sentido. Él advierte que hay saberes y saberes, que en estos mecanismos hay ignorancias y en el supuesto de comunicar a la paciente la conjetura analítica, lo único que se lograría sería el inicio del análisis pero el levantamiento del síntoma no, ¿por qué?, porque el sentido del síntoma es inconsciente, y fue creado por procesos anímicos inconscientes siendo que algo no ha podido tramitarse por la vía normal y llegar a la consciencia, por eso es designado como una formación sustitutiva invocadora de sentido, así como los sueños, ambos siendo subrogados por algo no elaborado fluidamente.

El meollo del asunto es que lo que aspira esta paciente es corregir la escena de su noche de bodas repitiéndola para potenciar a su marido, acto declaratorio que confirma que se repite para corregir. Si como analista se fuese la mucama, se estaría frente a un acting, sabiendo que lo que no se recuerda se repite actuándolo. Por ahora se deduce que la escena se recuerda frescamente y es consciente, pero aún no existe enlace con el sentido ni es tan fidedigna su recordación. S. Freud entonces no solo le va a dar sustancia a lo económico psíquico (cantidad libidinal) sino a su dinámica (funcionamiento); el síntoma tiene su dinámica y debe haber un cambio interno para tal conexión.

Refiero ahora al escrito freudiano "Lo Inconsciente" en donde testimonia la primera tópica que incluye los sistemas inconsciente, preconsciente, consciente. No me extenderé demasiado, pero es conveniente rememorar que la palabra del analista subsiste en el sistema preconsciente como puente entre la representación cosa inconsciente y la representación palabra consciente. Por ende, no basta transmitir la conclusión de parte del profesional, no alcanza con recordarlo del lado de la paciente, sino que esperanzados se buscará el sentido para el futuro levantamiento del síntoma, por consiguiente, se crearán con fe significantes conectores para propiciar su mudanza desde el inconsciente hacia la consciencia.

Reparo nuevamente en la acepción que el "padre" en la histeria es impotente, signo de la castración. Se puede pensar falazmente, que la paciente le muestra a la mucama esa mancha para reivindicar a su marido en la potencia, pero, si se persigue el acting de su intento repetitivo, se sospecha que lo que quiere corregir en ese escenario fallido es la "verdad" sobre su propia sexualidad. No obstante, el relato destaca que los cónyuges ya están distanciados uno del otro, pero la "actriz" continúa rindiéndole culto al marido en propósito de sostenerlo en el ideal; cabe reiterar que en la idealización la castración se ausenta, el sujeto peca de príncipe de cuentos. También se aventuró enunciar que la castración del Otro remite a la propia, pues bien, espejarse en la reivindicación del marido presume auténticamente la reivindicación de ella misma como absoluta.

Con esta ejecución obsesiva se obtura la falta, la herida narcisista nutriendo el idilio, concluyendo a este acting como propio de la histeria que profe-

tiza la salvación del padre indigno de su impotencia. Así se gestiona lo embaucador del mecanismo,
proponiendo en la actuación la reivindicación del
amado en designio de su identidad saboreando en
dichos actos la garantía de la oclusión proyectada.
Qué sucede con su deseo está claro, si se conjetura
obstruido lo sostiene insatisfecho, característico de
esta psicopatología. La paciente se rehúsa a reha-
cer su vida como mujer, se restringe y anestesia su
sexualidad, soportando en el espejo la completud
refractante de aquel niño narcisista.

Como anuncié, S. Freud hasta aquí no había escrito "Más allá del principio de placer", él figuraba
a las pulsiones de autoconservación por un lado y a
las sexuales por el otro. Mencionaba que el aparato
psíquico estaba regido por el principio de placer;
que toda tensión propiciaba displacer y que la vía
era la descarga. Marcaba los caminos de la pulsión
como trastorno hacia lo contrario, vuelta hacia la
persona propia, represión y sublimación ya formu-
lados, por ende, se concluye en esta exposición, que
el destino pulsional es la represión como defensa
primordial de la neurosis.

Luego en 1920 retuerce su teoría en tanto des-
cubre que hay algo más allá del principio de placer
que se satisface y tiende a lo inorgánico, a lo iner-
te, a lo primario dando sustancia a la pulsión de
muerte. Entonces corrige su perspectiva llamando
por un lado a Tánatos como pulsión de muerte, y
por el otro a Eros como pulsión de vida aunando a
las sexuales y de autoconservación antes divididas.
Propone en su pensamiento y lo consta en su trayec-
toria que la pulsión de vida construye y arma, mientras la de muerte destruye y derroca, sin embargo,
una se apuntala sobre la otra. El claro ejemplo de
la unión y fusión de ambas es el instante del clí-

max, una provoca la tensión y la acumula mientras la otra la desarma y ladescarga a punto cero; cavilando que en los encuentros sexuales, en aquel momento de culminación, se pretende autosatisfacerse y extasiarse en el regocijo de uno mismo como retoño del autoerotismo que auspicia un cuerpo unificado. Esto hace del neurótico una vida infausta, ya que la dinámica y economía libidinal han cambiado su estado y el gasto energético entre los acuerdos psíquicos hacen del "Yo" la disociación estructural de la neurosis, afecto y representación disociados huyendo del agujero de la castración.

Una cuestión precisa es captar que consentir la angustia, es adaptarse y aceptarse como sujeto deseante, la angustia representa la falta, Jorge Luis Borges lo dice poéticamente así:... "¿En qué hondonada esconderé mi alma para que no vea tu ausencia que como un sol terrible, sin ocaso, brilla definitiva y despiadada?"... De hecho, en su texto "Esquema del psicoanálisis" S. Freud anuncia a la adaptación como un avatar del "Yo" entre otros. En consecuencia, la viñeta fulgura muchas de las actitudes de los pacientes cuando arriban a consulta, algunos en acting, otros angustiados, otros inhibidos, otros sintomáticos, etc.

Contemplado lo antedicho se confirma que decirle al sujeto sobre su síntoma no lo lleva muy lejos en cuanto a su levantamiento, refrescando que la semilla de la neurosis es ser máquina generadora de tales; alguno de ellos como producto podrá ensalmarse, pero pueden aparecer otros como sustitutos por el simple hecho que la estructura misma los elabora. Es como si tuviese que cambiar la fisiología del aparato psíquico, el funcionamiento libidinal tendría y debería reorganizarse para propiciar la mudanza a la consciencia sin obstáculos para hacerlo emerger y estallar; S. Freud insiste, un cambio interno en la dinámica. Colige también que toda neurosis remite a una fijación del pasado, no por ello, toda fijación conlleva a una neurosis; un recuerdo es un modelo de esta, pero no por eso la neurosis es su predicción. Destaca a su vez que la neurosis es una actitud de vida, que el neurótico se alboroza en su realidad psíquica en donde el "Yo" se empobrece en energía porque esta está fijada al trauma, el cual embolsa la reunión desiderativa incestuosa reprimida y a la libido festejando con su objeto.

En resumen, el sentido del síntoma es inconsciente, generado por procesos anímicos idénticos, ambos deben serlo para que se produzca el síntoma como formación sustitutiva. Un malentendido estructural prestado por la batería significante que esculpió una forma de entender y teorizar falsamente pero en armonía sobre la muerte y la sexualidad, asintiendo que estas connotaciones son incapaces de tramitarse por la vía normal por ser el lenguaje escaso en traducirlas. Una respuesta ante el mundo interno y externo con un "Yo" que se resiste y acobarda, ya que nada quiere saber del martirio y la angustia, porque nadie se reconoce tan expuesto al dolor como cuando ama.

Se reformula así el "para qué" entre comillas participado en otro capítulo. Dicha reformulación ubica el origen, desde dónde y hacia dónde es el misterio, esta pregunta revela la meta, el destino, ¡el sentido! Por consiguiente, en el ejemplo clínico propuesto, aunque no haya sido un acontecimiento infantil lo experimentado, se revela que su "sentido" está oculto porque enmarca el sepultamiento edípico inconsciente que consigna a la escena reprimida infantil olvidada pero honrada por amor. Se destapa así la estructura histérica como resultado del viraje nodal, detallista e hipotético que auspicié, aplaudiendo un trabajo genuino del aparato psíquico ante la identificación hundida en la bisexualidad específica de esta neurosis.

Se concluye y redunda que en la psicopatología de la histeria se reivindica la posición a través del Otro, con un cuerpo erógeno y erotizado; cualquier significante dispara la novela seductora, sin embargo, la zona genital está anestesiada y no proclama ardor, la anorgasmia es su típico resultado. No es fortuito este acontecimiento. Ante la no concreción sensual puede reflexionarse sobre un resabio infantil en donde la niña o el niño han seducido a sus primordiales con el tinte ingenuo de ansiar el amor tierno y cuidadoso, como deseantes de sus progenitores siendo esperable que la ley haya hecho su protagonismo y recaído prohibiendo ese deseo sin manipulación alguna y promoviendo el desplace hacia vínculos exogámicos. Confiados en que el abogado haya inscripto su cometido en lo real, el sujeto le proporcionará un desafío en su juicio edificando un búnker solitario, en donde se rearma aquella ilusión no frustrante ante el deseo imperante promovido por el pecho. Es por todo esto, que la fantasía se presenta como suplente para calmar imaginativamente los conflictos suscitados por la ley.

En otro capítulo se preguntó qué sucede con el deseo del niño, y se otorga como una posible respuesta que ese deseo haya sido ahogado en una fantasía llamada "fantasía de seducción del adulto". Mediante esta se proyecta falazmente luego de la castración la intención de ese deseo hacia sus progenitores, liberando así la culpa de aquel tiempo inconfesable y prohibido el cual revela la intención pueril, no el acto. Otra posible respuesta es el desplazamiento por vía normal de ese deseo hacia otros personajes ajenos a lo familiar.

No es accidental que el neurótico, viva torturado por fantasías incestuosas, a veces son cruces y se perciben en ellos, pero es imprescindible que de algún modo nazca la sexualidad y la erogenización del cuerpo, y quienes pueden ser los encargados sino aquellos que recogieron al niño como falo. La característica de la sexualidad infantil es que es autoerótica, perversa y polimorfa, luego vía agencia castrante, se construye la instancia Superyóica privativa de deseos incestuosos. A esto invita el Superyó, a castigarse por ello, como reservorio de pulsión de muerte; un goce tormentoso, es decir, vuelta hacia la persona propia como destino pulsional. Cabe resaltar, que si al neurótico se lo posiciona en la escena real fantaseada, su respuesta seguramente sería la huida, no va a concluir el acto, he aquí la pre-posición ya mencionada y el centelleo de la huella inscripta de la función paterna.

Otra situación se revela en el perverso, este sí va a concretar la escena del goce porque desmiente la ley, además lo que necesita para que esto acontezca es la presencia y mediación de la angustia, aseverando un recorrido pulsional pero diferente, trastorno hacia lo contrario. Hace eco otra falacia recurrente que predica que la "mejor pareja" es el sadista y el masoquista como paradigma de la perversión, pues no es así; al sadista le satisface generar dolor y al masoquista le satisface sentirlo, no hay angustia que medie el encuentro, por ende, no es más que la manifestación de la sexualidad neurótica consensuada, que no solo se remite a lo genital, sino al teatro erotizado infantil y al complemento de las zonas erógenas corporales, que se diferencia del perverso en tanto a este lo erotiza la angustia y la culpa se desmiente.

De modo tal que cuando se refuta la función paterna recluyendo al agente de la castración portador de las leyes de la prohibición del incesto y del asesinato, se oyen las resonancias infantiles cobrando brillo en la fantasía, en ellas nada falta, son creaciones del aparato psíquico ante la castración, agencia siempre fallida llevando en su impresión a la represión como defensa.

Entender al aparato psíquico o algo de él, siendo el inconsciente un archivo inagotable, posiciona el bien hacer del analista ante la empatía de una mejor escucha y a sus maniobras en el repertorio de abordajes. Un síntoma se acompaña de novelas históricas del paciente y su relación con la "extimidad", lo externo y lo íntimo relacionados intrínsecamente, por ende, no se encuentra aislado de la serie literaria individual, sino que va directo como cuña al alma del personaje. Hechos de la vida pueden despertar sucesos ya vividos y hacer animar estados y mociones internas enterradas e inhumadas, como la muerte, que es un saber no sabido, ayudado por el registro imaginario que reniega su telón en tanto lo recubre e inviste ante el saber desesperante de la finitud.

El manto de desolación al que instiga la neurosis apronta el límite entre el aquí y allá, en tanto el renacer que causa el tratamiento analítico permite otro estilo de vida, sabiendo que Tánatos machaca por un ángulo, pero Eros respira por el otro sorteando el equilibrio codiciado por cualquier humano sumergido en la realidad como lo más disparatado. Relibidinizar al mortal de su propio perecer demanda a ejecutar tras el discurso actos de amor desde cualquier encuadre terapéutico, eludiendo la guadaña que pregunta sin cesar qué fueron de sus deseos y reabriendo aquellas incertidumbres que se forjaron y resolvieron apresuradamente porque cronos apremiaba. ¡Cuántas veces se puede auscultar al sufrido por haber hecho nada ante aquello que atravesaba su aliento!

Morir en vida no supone la muerte real, por eso se requieren a los conflictos como herejes de la pulsión de vida. Estos construyen cimientos, proponen desafíos para sentirse vivos siendo a veces tan complicados que parece su solución alejada e imposible, sin embargo, esta lejanía es la que ejerce la distancia frente a la mismísima parca. Ante las pérdidas se oye recurrentemente la interpelación de por qué no se actuó en afinidad con el deseo, y una respuesta proclive al consuelo destila en que si la muerte fuese un comensal crónico no habría ilusión alguna de renacer todos los días, a su vez, reconocer la finitud establecida mentalmente como remota invita humildemente a aceptar el tiempo y valorar la vida.

Habitualmente el caminante siente que cumplimentar un deseo, tal vez el más anhelado, lo posiciona ante lo acabado fomentando un susurro silencioso que acusa: ¿qué soñar si el mayor sueño está cumplido? Entiendo que es atrevido recomendar de algún modo como oficial de la salud mental proclamar que la muerte ronda, sin embargo, asentirla avala el riesgo a la valentía, a la exposición al dolor siendo que a través de él se avista el renacimiento.

En ese vivir y morir tantas veces en la vida, se encuentra algo que va más allá del sentido del síntoma y es el sentido de la existencia. Los suicidios tienen imperiosa relación con esta forma de pensar, se llega tan al límite de la pena que la muerte causa curiosidad como modo de huida ante la tristeza, siendo en ocasiones una decisión y solución única. A su vez, estos seres coartan su relación con el lenguaje, ya no alcanza lo simbólico para enfundar lo real de aquello como destino ni ficciones imaginarias que enmascaren el vacío. Solo puedo aconsejar repensar este delirio, porque una cosa es querer morir y otra muy distinta "asesinar" el dolor.

"Edipo REyNA" está llegando a su consumación, reflejando que mi única ambición es que no perezcan en lágrimas, sino que revivan y armen conflictos con las teorías y debatan con la efectividad de la inteligencia. Si son perspicaces continuarán peleando, discutiendo, causando problemas inventados, creo que es algo de una fórmula insensata pero sirve. El profesional se impregna de una cuota de sabiduría en el deseo de saber, su gran conflicto por cierto, seguir sabiendo sobre lo inacabado lo cual me hace digna de serlo.

Arremeto este fin con una querella entre colegas, en donde S. Freud como "padre del psicoanálisis" se enfurece profusamente con su discípulo Carl Jung, en la conferencia XVII lo establece nombrándolo profeta, sin embargo, irradia una frase de su hijo prodigio en donde el alumno, a veces, supera al maestro: ..."*Aquellos que no aprenden nada de los hechos desagradables de sus vidas, fuerzan a la conciencia cósmica a que los reproduzca tantas veces como sea necesario para aprender lo que enseña el drama de lo sucedido. Lo que niegas te somete; lo que aceptas te transforma*"...

REFERENCIAS BIBLIOGRÁFICAS

J.Lacan, Seminario IV. La relación de objeto.
J.Lacan, Seminario VI. El deseo y su interpretación.
J.Lacan, Seminario X. La angustia.
J.Lacan, Seminario XX. Aún.
Juan David Nasio, El dolor en la histeria.
S.Freud, Conferencia 17: el sentido de los síntomas.
S.Freud, Conferencia 18: la fijación del trauma.
S.Freud, Conferencia 23: los caminos de la formación del síntoma.
S.Freud, Más allá del principio del placer.

Se terminó de imprimir en el mes de septiembre de
2020 en Imprenta Dorrego Ciudad de Buenos Aires.
Coordinación gráfica Ricardo Vergara